Impressum
Verlag: BABADADA GmbH, Nedderfeld 112 , 22529 Hamburg
Geschäftsführer / Verlagsleitung: Harald Hof
Druck: Books on Demand GmbH, In de Tarpen 42, 22848 Norderstedt

Imprint
Publisher: BABADADA GmbH, Nedderfeld 112 , 22529 Hamburg, Germany
Managing Director / Publishing direction: Harald Hof
Print: Books on Demand GmbH, In de Tarpen 42, 22848 Norderstedt

ትምህርት ቤት

l'école

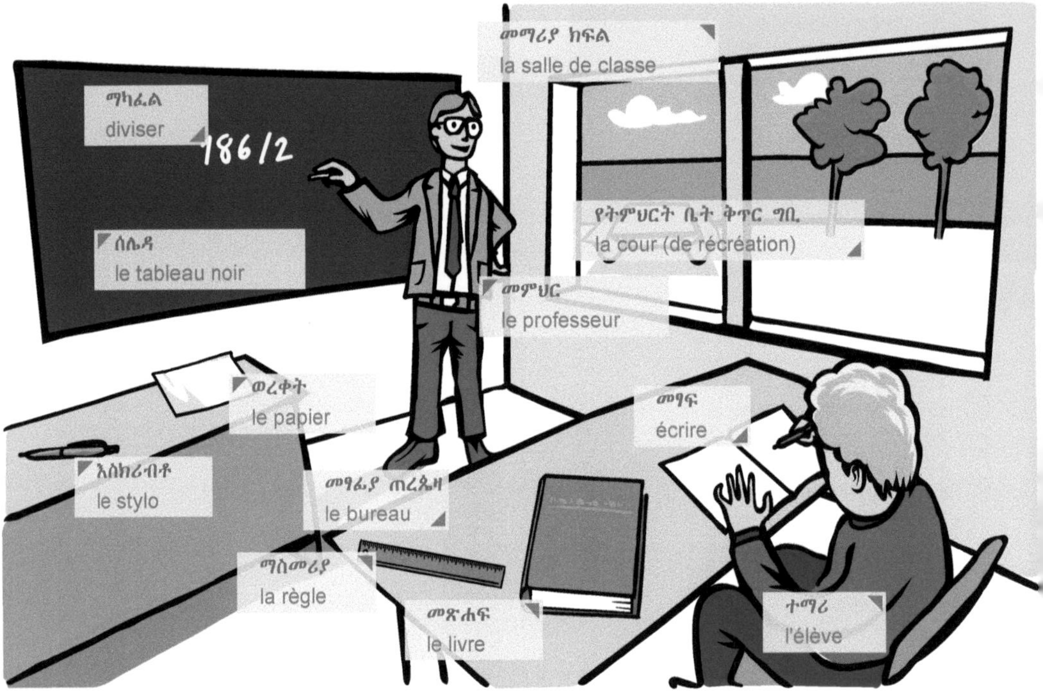

መማሪያ ክፍል
la salle de classe
ማካፈል
diviser
186/2
ሰሌዳ
le tableau noir
የትምህርት ቤት ቅጥር ግቢ
la cour (de récréation)
መምህር
le professeur
ወረቀት
le papier
መፃፍ
écrire
እስክሪብቶ
le stylo
መፃፊያ ጠረጴዛ
le bureau
ማስመሪያ
la règle
መጽሐፍ
le livre
ተማሪ
l'élève

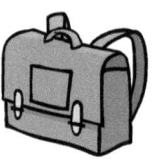

የጀርባ ቦርሳ

....

le cartable

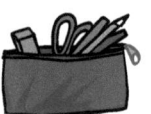

የእርሳስ መያዣ

....

la trousse

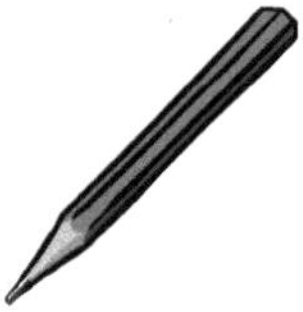

እርሳስ

....

le crayon

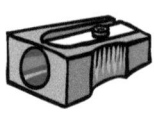

የእርሳስ መቅረጫ

....

le taille-crayon

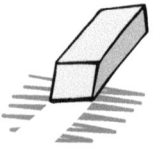

ላጲስ

....

la gomme

የስዕል ደብተር

....

le carnet à dessin

ስዕል

le dessin

የቀለም ብሩሽ

le pinceau

የቀለም ሳጥን

la boîte de peinture

መቀስ

les ciseaux

ማጣበቂያ

la colle

መለመጃ ደብተር

le cahier d'exercices

የቤት ስራ

les devoirs

ቁጥር

le chiffre

መደመር

additionner

መቀነስ

soustraire

ማባዛት

multiplier

ቁጥሮችን ማስላት

calculer

ደብዳቤ

la lettre

ፊደላት

l'alphabet

ቃል

le mot

ፅሑፍ
le texte

ማንበብ
lire

ጠመኔ
la craie

ትምህርት
la leçon

ምዝገባ
le livre de classe

ፈተና
l'examen

ሰርተፊኬት
le certificat

የትምህርት ቤት የደንብ ልብስ
l'uniforme scolaire

ትምህርት
la formation

አዉደ ጥበብ
le lexique

ዩኒቨርስቲ
l'université

የምርምር አጉሊ መሳርያ
le microscope

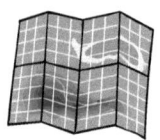

ካርታ
la carte

የቆሻሻ ወረቀት መጣያ ቅርጫት
la corbeille à papier

le voyage

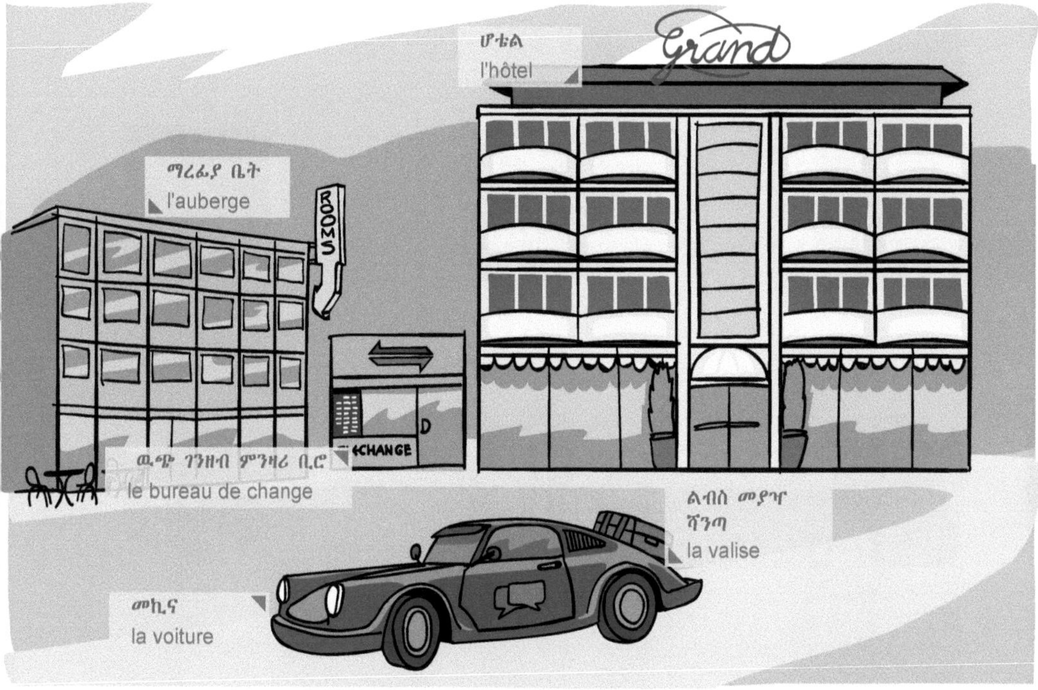

ሆቴል
l'hôtel
Grand
ማረፊያ ቤት
l'auberge
ROOMS
CHANGE
ዉጭ ገንዘብ ምንዛሪ ቢሮ
le bureau de change
ልብስ መያዣ
ሻንጣ
la valise
መኪና
la voiture

ቋንቋ

la langue

አዎ/ አይደለም

oui / non

እሺ

d'accord

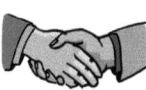

ሰላም

Salut

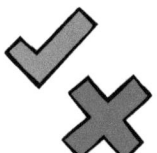

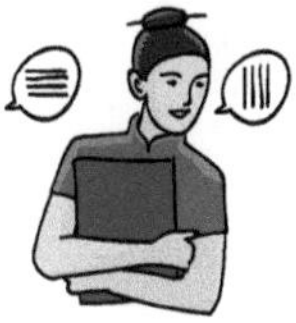

አስተርጓሚ

l'interprète

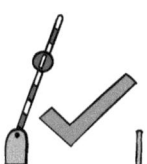

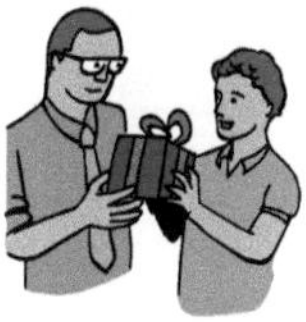

አመሰግናለሁ

merci

ስንት ነዉ.......?

Combien coûte...?

አልገባኝም

Je ne comprends pas

እክል

le problème

እንደምን አመሹ!

Bonsoir !

እንደምን አደሩ!

Bonjour !

መልካም ምሽት!

Bonne nuit !

ደህና ይስንብቱ

Au revoir

አ ጣጫ

la direction

ሻንጣ

les bagages

ቦርሳ

le sac

የጀርባ ቦርሳ

le sac-à-dos

እንግዳ

l'hôte

ክፍል

la pièce

የመተኛ ቦርሳ

le sac de couchage

ድንኳን

la tente

የጎብኚዎች መረጃ

l'office de tourisme

የባህር ዳርቻ

la plage

ክሬዲት ካርድ

la carte de crédit

ቁርስ

le petit-déjeuner

ምሳ

le déjeuner

እራት

le dîner

ቲኬት

le billet

አሳንስር

l'ascenseur

ማህተም

le timbre

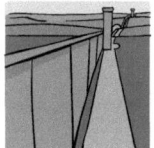

ድንበር

la frontière

ባህሎች

la douane

ኤምባሲ

l'ambassade

ቪዛ/የይለፍ ወረቀት

le visa

ፓስፖርት

le passeport

le transport

አዉሮፕላን
l'avion

መርከብ
le navire

የእሳት አደጋ መኪና
le véhicule de pompiers

አዉቶብስ
le bus

የሸቀጥ መኪና
le camion

ሞተር ጀልባ
bateau à moteur

ብስክሌት
la bicyclette

መኪና
la voiture

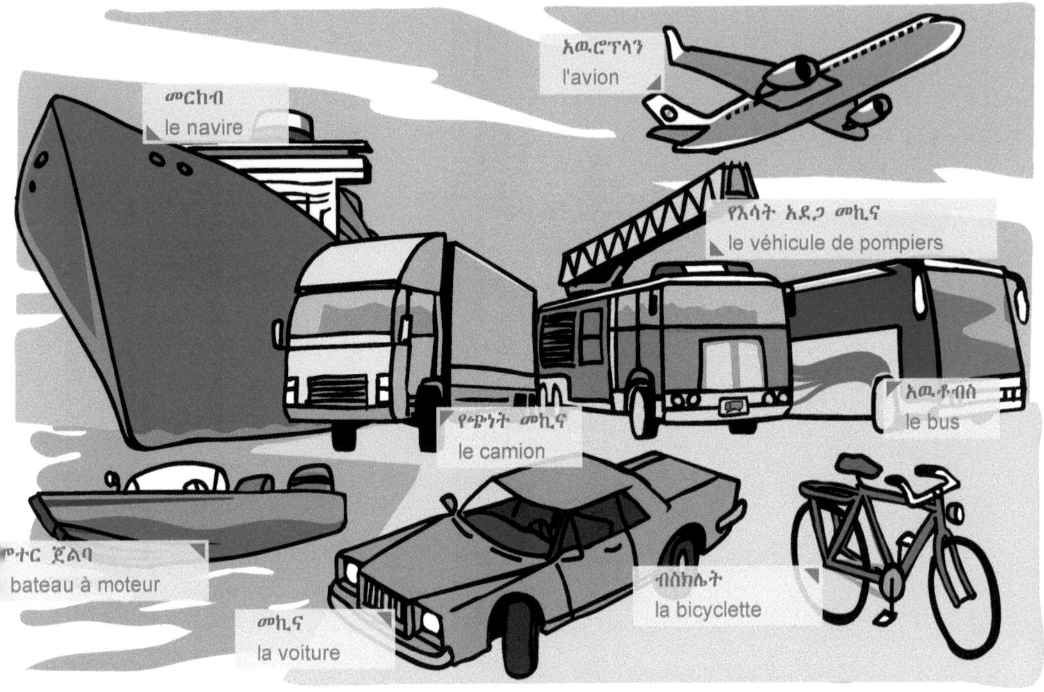

የማመላለሻ ጀልባ
le ferry

ጀልባ
la barque

የሞተር ብስክሌት
la moto

የፖሊስ መኪና
la voiture de police

የዉድድር መኪና
la voiture de course

የኪራይ መኪና
la voiture de location

የመኪና መጋራት

l'auto-partage

ጎታች መኪና

la voiture de remorquage

የቆሻሻ ጭነት መኪና

la benne à ordures

ሞተር

le moteur

ነዳጅ

l'essence

የቤንዚን ማደያ

la station d'essence

የመንገድ ምልክት

le panneau indicateur

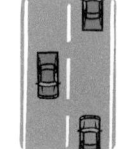

የመኪዎች እንቅስቃሴ

le trafic

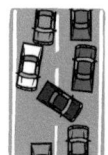

የመኪና መጨናነቅ

l'embouteillage

የመኪና ማቆሚያ

le parking

የባቡር ጣቢያ

la gare

የባቡር ሀዲዶች

les rails

ባቡር

le train

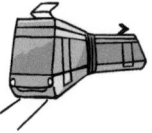

የኤሌክትሪክ ባቡር

le tramway

ሰረገላ

le wagon

ሄሊኮፕተር

l'hélicoptère

አየር ማረፊያ

l'aéroport

ማማ

la tour

መንገደኛ

le passager

ማስቀመጫ፤ ማጠራቀሚያ

le conteneur

ካርቶን እቃ ማሸጊያ

le carton

ጋሪ፤ ተሳቢ

le chariot

ቅርጫት

la corbeille

መነሳት/ ማረፍ

décoller / atterrir

ከተማ

la ville

መንደር

le village

የከተማ ማዕከል

le centre-ville

ቤት

la maison

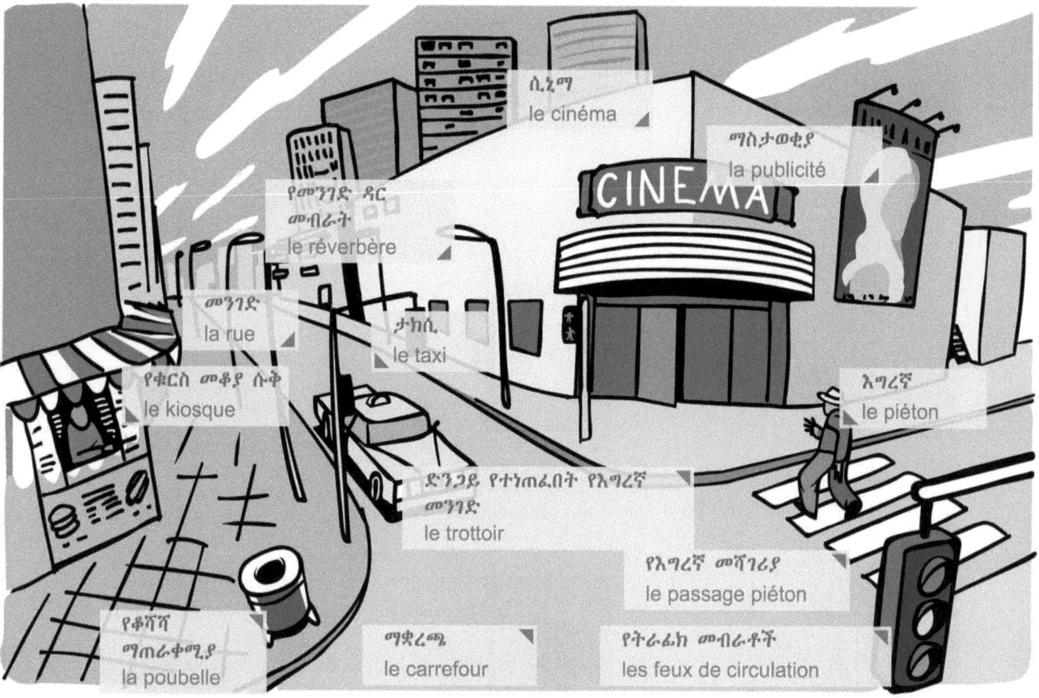

ሲኒማ
le cinéma

ማስታወቂያ
la publicité

የመንገድ ዳር
መብራት
le réverbère

መንገድ
la rue

ታክሲ
le taxi

እግረኛ
le piéton

የቁርስ መቆያ ሱቅ
le kiosque

ድንጋይ የተነጠፈበት የእግረኛ
መንገድ
le trottoir

የእግረኛ መሻገሪያ
le passage piéton

የቆሻሻ
ማጠራቀሚያ
la poubelle

ማቋረጫ
le carrefour

የትራፊክ መብራቶች
les feux de circulation

ጎጆ
la cabane

አፓርታማ
l'appartement

የባቡር ጣቢያ
la gare

የከተማ አዳራሽ
la mairie

ቤተ መዘክር
le musée

ትምህርት ቤት
l'école

ከተማ - la ville   11

ዩኒቨርስቲ
l'université

ባንክ
la banque

ሆስፒታል
l'hôpital

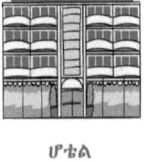

ሆቴል
l'hôtel

መድሐኒት ቤት
la pharmacie

ቢሮ
le bureau

መፅሐፍ መሸጫ
la librairie

ሱቅ
le magasin

የአበባ መሸጫ
le fleuriste

የሸቀጣ ሸቀጥ መደብር
le supermarché

ገበያ ስፍራ
le marché

መደብር
le grand magasin

የዓሳ ነጋዴ
la poissonnerie

 የገበያ ማዕከል
le centre commercial

ወደብ
le port

መናፈሻ ቦታ

le parc

አግዳሚ ወንበር

la banque

ድልድይ

le pont

ደረጃዎች

les escaliers

ዉስጥ ለዉስጥ

le métro

ዋሻ

le tunnel

የአዉቶቡስ ፌርማታ

l'arrêt de bus

ባር

le bar

ምግብ ቤት

le restaurant

የፖስታ ሳጥን

la boîte à lettres

የመንገድ ምልክት

le panneau indicateur

የመኪና ማቆሚያ ሒሳብ የሚያሳላ ማሽን

le parcmètre

የደር ንስሳት ማቆያ

le zoo

የመዋ ገንዳ

le réverbère

መስጊድ

la mosquée

ከተማ - la ville

13

እርሻ

la ferme

የሚበክል ነገር

la pollution

መቃብር ስፍራ

la cimetière

ቤተ ክርስቲያን

l'église

መጫወቻ ሜዳ

l'aire de jeux

ቤተ መቅደስ

le temple

መልከዓምድር

le paysage

ቅጠል
la feuille

የመንገድ ላይ ምልክት
le panneau indicateur

መንገድ
le chemin

አረንጓዴ መስክ
le pré

ድንጋይ
la pierre

ዛፍ
l'arbre

በእግሩ የሚጓዝ
le randonneur

ወንዝ
la rivière

ሳር
l'herbe

አበባ
la fleur

ሸለቆ

la vallée

ኮረብታ

la montagne

ሀይቅ

le lac

ጫካ

la forêt

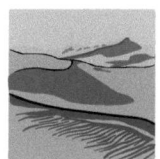

በረሃ

le désert

እሳተ ገሞራ

le volcan

ግምብ

le château

ቀስተ ዳመና

l'arc-en-ciel

እንጉዳይ

le champignon

የቴምብር ዛፍ/ ዘንባባ

le palmier

ቢንቢ/ የወባ ትንኝ

le moustique

በራሪ

la mouche

ጉንዳን

les fourmis

ንብ

l'abeille

ሸረሪት

l'araignée

ጢንዚዛ

le coléoptère

እንቁራሪት

la grenouille

ሽኮኮ

l'écureuil

ጃርት

le hérisson

ጥንቸል

le lièvre

ጉጉት ወፍ

la chouette

ወፍ

l'oiseau

የዉሃ ዶክዬ

le cygne

ከርከሮ

le sanglier

አጋዘን

le cerf

አጋዘን

l'élan

ግድብ

le barrage

በነፋስ የሚሽከረከር

l'éolienne

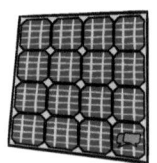

የፀሀይ ፓኔሎ

le panneau solaire

አየር ንብረት

le climat

ምግብ ቤት
le restaurant

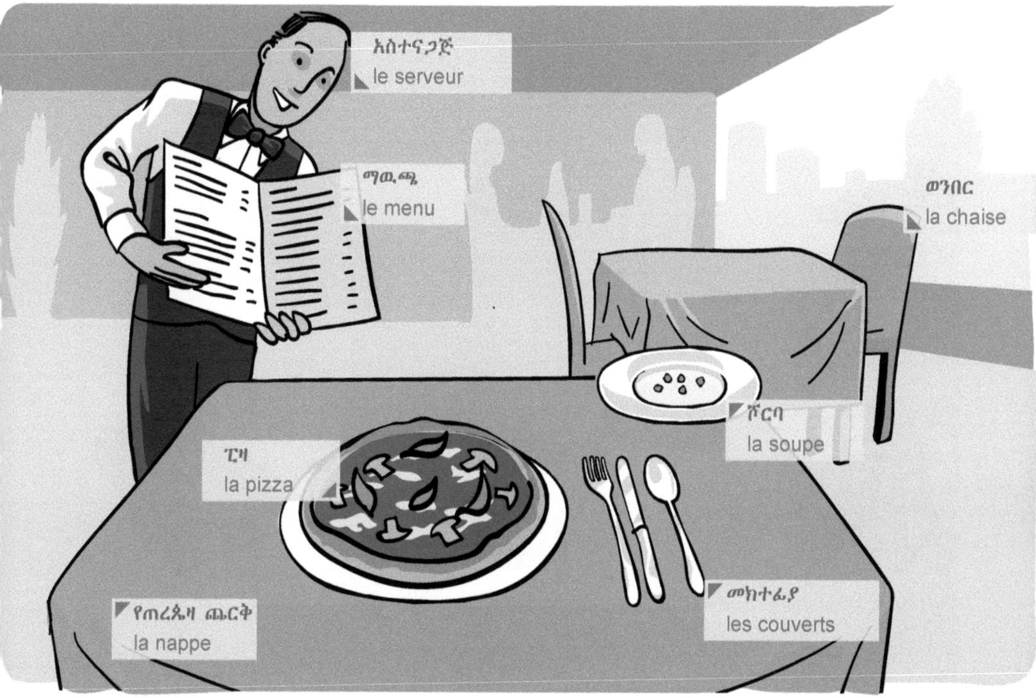

አስተናጋጅ
le serveur
ማዉጫ
le menu
ወንበር
la chaise
ሾርባ
la soupe
ፒዛ
la pizza
መክተፊያ
les couverts
የጠረጴዛ ጨርቅ
la nappe

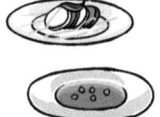

የምግብ ፍላጎትን የሚከፍት ምግብ
les hors d'œuvre

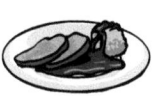

ዋና ምግብ
le plat principal

ማጣጣሚያ ተከታይ ምግብ
le dessert

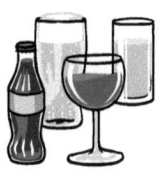

መጠጦች
les boissons

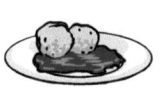

ምግብ
l'alimentation

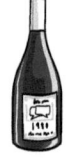

ጠርሙስ
la bouteille

ፈጣን ምግብ

le fast-food

የመንገድ ምግብ

les plats à emporter

የሻይ ማንቆርቆሪያ

la théière

የስኳር እቃ

le sucrier

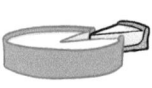

ድርሻ

la portion

የቡና ማፈያ ማሽን

la machine à expresso

ባለጌ ወንበር

la chaise haute

የክፍያ ደረሰኝ

la facture

ትሪ

le plateau

ቢላዋ

le couteau

ሹካ

la fourchette

ማንኪያ

la cuillère

የሻይ ማንኪያ

la cuillère à thé

ልብስ ምግብ እንዳይነካ የሚረዳ
ጨርቅ
la serviette

ብርጭቆ

le verre

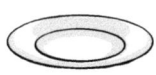

ዝርግ ሰሀን

l'assiette

የሾርባ ጎድንዳ ሰሀን

l'assiette à soupe

የስኒ ማስቀመጫ

la soucoupe

ማጣፈጫ ስጎ

la sauce

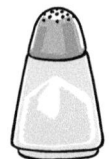

የጨዉ እቃ

la salière

የተፈጨ ቃሪያ

le moulin à poivre

ኮምጣጤ

le vinaigre

የምግብ ዘይት

l'huile

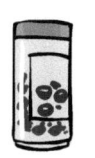

ቀመማ ቅመሞች

les épices

የቲማቲም ድልህ

le ketchup

ሰናፍጭ

la moutarde

ማዮኔዝ

la mayonnaise

የሸቀጣ ሸቀጥ መደብር

le supermarché

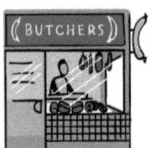

ልዩ አቅራቦት
l'offre promotionnelle
FOR
ደምበኛ
le client
የወተት ተዋፅዖ
les produits laitiers
ፍራፍሬ
les fruits
ባለ ጎማ የእጅ ጋሪ
le chariot

BUTCHERS

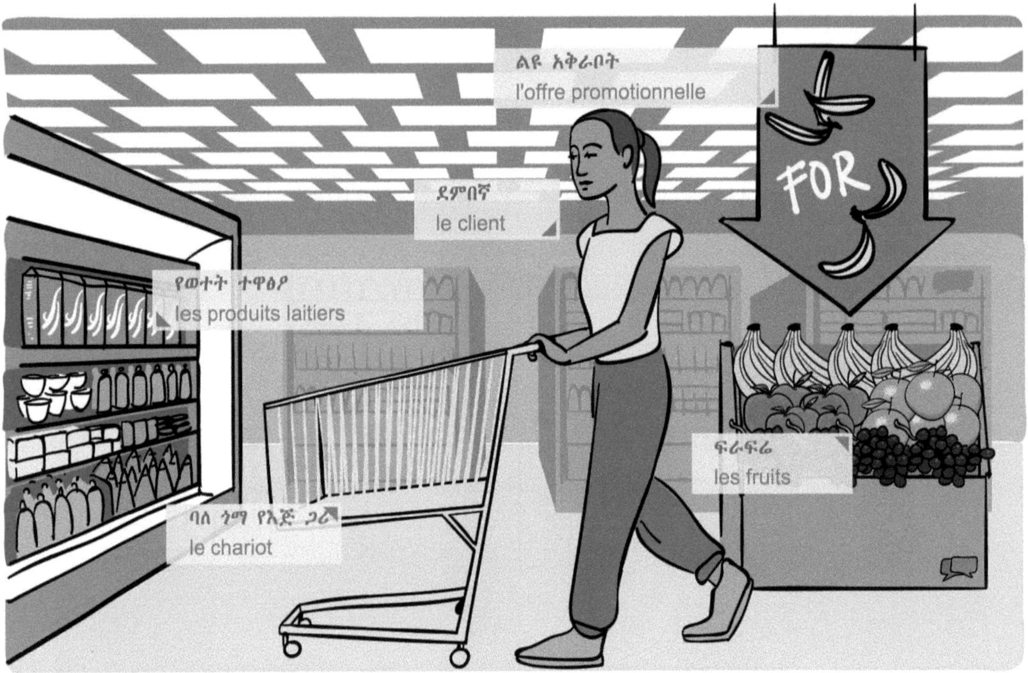

ሉካንዳ ነጋዴ

la boucherie

BAKERY

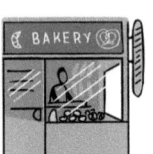

መጋገርያ

la boulangerie

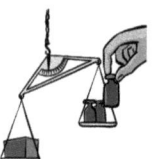

ክብደት መመዘን

peser

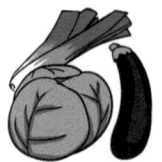

ቅጠላ ቅጠል አትክልት

les légumes

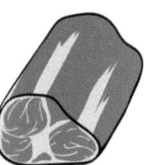

ስጋ

la viande

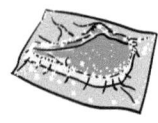

የቀዘቀዘ/የረጋ ምግብ

les aliments surgelés

ቀዝቃዛ ቁራጭ

la charcuterie

የታሸገ ምግብ

les conserves

የ ጠቢያ ዱቄት

la poudre à lessive

ጣፋጮች

les bonbons

የቤት ዉስጥ ዉጤቶች

les articles ménagers

የዕዳት ምርቶች

les détergents

የሽያጭ ባለሙያ

la vendeuse

የገንዘብ መመዝበ.ያ   ሽን

la caisse

የሒሳብ ሰራተኛ

le caissier

የግገር ዝርዝር

la liste d'achats

ክፍት ሰዓታት

les heures d'ouverture

የኪስ ቦርሳ

le portefeuille

ክሬዲት ካርድ

la carte de crédit

ቦርሳ

le sac

የፕላስቲክ ቦርሳ

le sac en plastique

les boissons

ውሃ

l'eau

ጭማቂ

le jus de fruit

ወተት

le lait

ኮካ-ኮላ

le coca

ወይን

le vin

ቢራ

la bière

አልኮል

l'alcool

ኮካ

le chocolat chaud

ሻይ

le thé

ቡና

le café

የተፈላ ቡና

l'expresso

ካፑቺኖ

le cappuccino

መሙዝ

la banane

ፖም

la pomme

ብርቱካን

l'orange

ሀብሀብ

le melon

ሎሚ

le citron.

ካሮት

la carotte

ነጭ ሽንኩርት

l'ail

ሽምበቆ

le bambou

ቀይ ሽንኩርት

l'oignon

እንጉዳይ

le champignon

ለዉዝ

les noisettes

የህፃናት ምግብ

les pâtes

ፓስታ

les spaghetti

ሩዝ

le riz

ሰላጣ

la salade

የድንች ጥብስ

les pommes frites

ድንች ጥብስ

les pommes de terre rôties

ፒዛ

la pizza

ዳቦ ዉስጥ በስሱ ተጠብሶ የገባ
ስጋ
le hamburger

ሳንድዊች

le sandwich

ጥሬ ስጋ

l'escalope

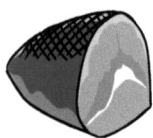

የአሳማ ስጋ

le jambon

በቅመምና በጨዉ የታሽ ምግብ
ቀዝቅዞ የሚበላ ሾርባ ምግብ

le salami

ቋሊማ

la saucisse

ዶሮ

le poulet

ጥብስ

le rôti

አሳ

le poisson

የአጃ ገንፎ
....
les flocons d'avoine

ከወተት ጋር ተደባልቀዉ የሚበሉ
``ምግቦች``
le muesli

የበቆሎ ቅርፊት
....
les cornflakes

ዱቄት
....
la farine

ኩራሳ
....
le croissant

ድብልብል ዳቦ
....
les petits-pains

ዳቦ
....
le pain

መጥበስ
....
le pain grillé

ብስኩት
....
les biscuits

ቅቤ
....
le beurre

እርጎ
....
le fromage blanc

ኬክ
....
le gâteau

እንቁላል
....
l'œuf

እንቁላል ጥብስ
....
l'œuf au plat

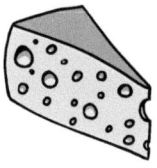

አይብ
....
le fromage

የበረዶ ክሬም
la glace

ስኳር
le sucre

ማር
le miel

ማርማላት
la confiture

የተናጠ የወተት ክሬም
la crème nougat

ማጣፈጫ
le curry

la ferme

የገበሬ ቤት
la ferme

የእህልና የከብት ማቆመጫ
ቤት
la grange

ፈረስ
le cheval

የጭድ ክምር
la botte de paille

ሜዳ
le champ

ተሳቢ መኪና
la remorque

የእርሻ መኪና
le tracteur

የፈረስ ዉርንጭላ
le poulain

አህያ
l'âne

የበግ ጠቦት
l'agneau

በግ
le mouton

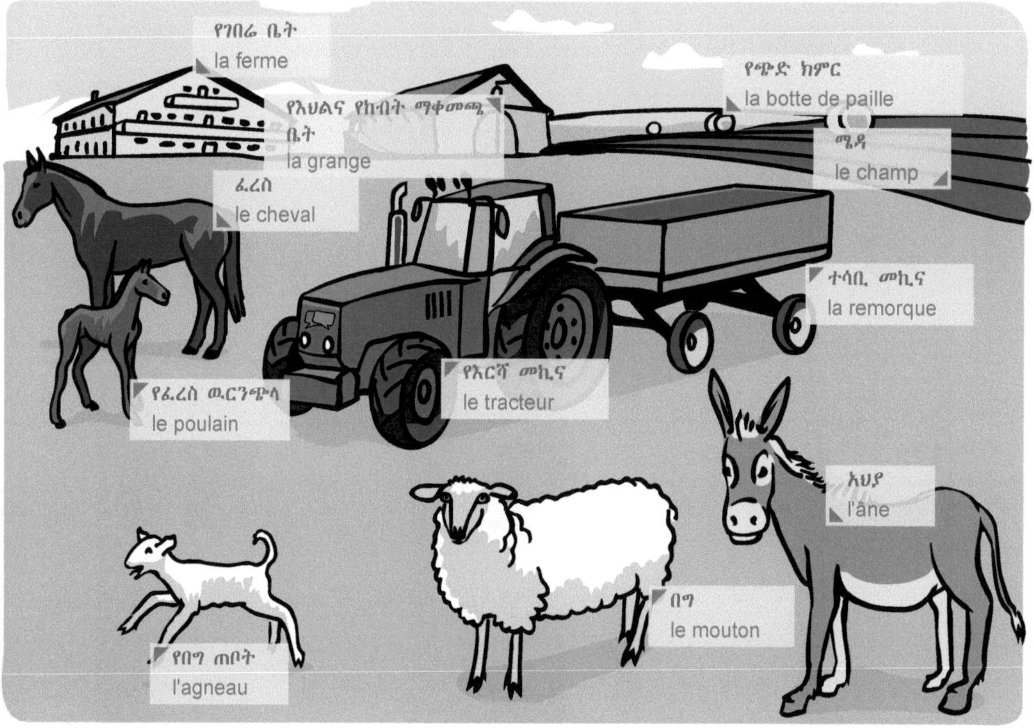

ፍየል
la chèvre

ላም
la vache

ጥጃ
le veau

አሳማ
le porc

ግልገል አሳማ
le porcelet

ኮርማ
le taureau

ዝይ

l'oie

ዳክዬ

le canard

የዶሮ ጫጩት

le poussin

ዶር

la poule

አዉራ ዶሮ

le coq

አይጥ

le rat

ደድመት

le chat

አይጥ

la souris

በሬ

le bœuf

ዉሻ

le chien

የዉሻ ቤት

le chenil

የአትክልት ቦታ

le tuyau de jardin

ዉሃ ማጠጫ ባልዲ

l'arrosoir

ረጅም ማጭድ

la faucheuse

ማረሻ

la charrue

ማጭድ

la faucille

መኮትኮቻ

la pioche

የእህል መንሽ

la fourche

መጥረቢያ

la hache

ኩርኩር/ የእጅ ጋሪ

la brouette

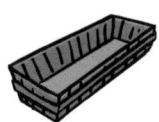

ገንዳ

la cuve

የወተት ዕቃ

le pot à lait

ጆንያ ከረጢት

le sac

አጥር

la clôture

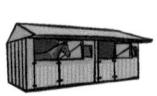

የፈረስ ጋጣ

l'étable

ዕፅዋት ማሳደጊያ የመስታዉት
ቤት

le serre

አፈር

le sol

ዘር

les semences

የመሬት ማዳበሪያ

l'engrais

ጥምር ማረሻ

la moissonneuse-batteuse

አዝመራ መሰብሰብ

récolter

አዝመራ

la récolte

ድንች

l'igname

ስንዴ

le blé

ሶያ

le soja

ድንች

la pomme de terre

በቆሎ

le maïs

የከብት መኖ

le colza

የፍሬ ዛፍ

l'arbre fruitier

የካሳቫ ዛፍ

le manioc

እህል

les céréales

ቤት
la maison

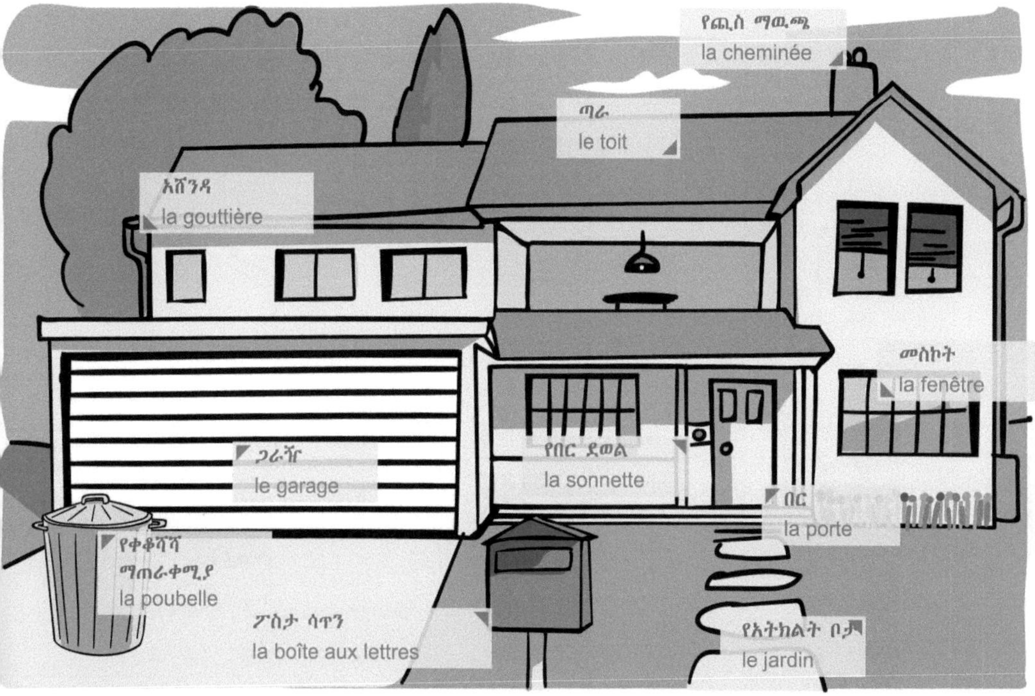
የጪስ ማዉጫ
la cheminée
ጣራ
le toit
አሸንዳ
la gouttière
መስኮት
la fenêtre
ጋራዥ
le garage
የበር ደወል
la sonnette
በር
la porte
የቆሻሻ ማጠራቀሚያ
la poubelle
ፖስታ ሳጥን
la boîte aux lettres
የአትክልት ቦታ
le jardin

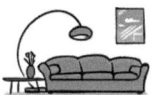

ሳሎን

le salon

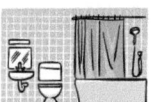

መታጠቢያ ቤት

la salle de bain

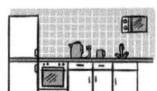

ማድቤት

la cuisine

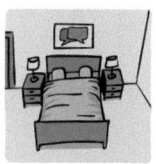

መኝታ ቤት

la chambre à coucher

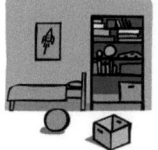

የልጅ ክፍል

la chambre d'enfant

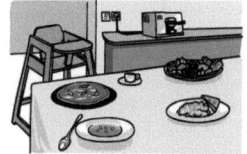

መመገቢያ ክፍል

la salle à manger

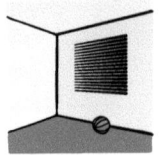

ወለል
....
le sol

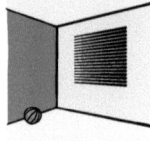

ግድግዳ
....
le mur

ጣሪያ
....
le plafond

ምድር ቤት
....
la cave

በእንፋሎት ሙቀት መታጠቢያ
·····ቤት·····
le sauna

ሰገነት
....
le balcon

ከፍ ያለ መደብ
....
la terrasse

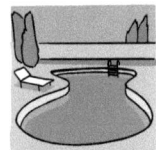

የመዋኛ ገንዳ
....
la piscine

የማጨጃ መኪና
....
la tondeuse à gazon

አንሶላ
....
la housse

የአልጋ ልብስ
....
la couette

አልጋ
....
le lit

መጥረጊያ
....
le balai

ባልዲ
....
le sceau

ማብሪያና ማጥፊያ
....
l'interrupteur

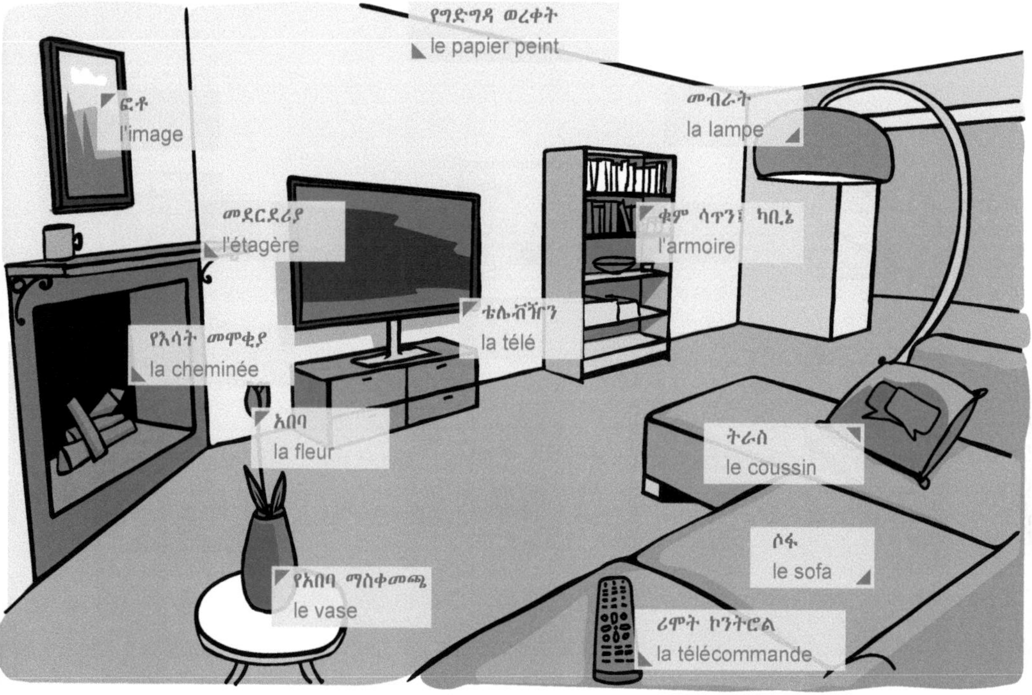

የግድግዳ ወረቀት
le papier peint

ፎቶ
l'image

መብራት
la lampe

መደርደሪያ
l'étagère

ቁም ሳጥን፣ ካቢኔ
l'armoire

የእሳት መሞቂያ
la cheminée

ቴሌቪዥን
la télé

አበባ
la fleur

ትራስ
le coussin

ሶፋ
le sofa

የአበባ ማስቀመጫ
le vase

ሪሞት ኮንትሮል
la télécommande

ንጣፍ
....
le tapis

መጋረጃ
....
le rideau

ጠረጴዛ
....
la table

ወንበር
....
la chaise

ተወዛዋዥ ወንበር
....
la chaise à bascule

ባለመደገፊያ ወንበር
....
le fauteuil

መጽሐፍ

le livre

ብርድ ልብስ

la couverture

ጌጥ

la décoration

ማገዶ

le bois de chauffage

ፊልም

le film

የሙዚቃ መማጫወቻ

la chaîne hi-fi

ቁልፍ

la clé

ጋዜጣ

le journal

ስዕል

la peinture

የተለጠፈ ማስታወቂያ እንደ ስዕል

le poster

ራዲዮ

la radio

ማስታወሻ ደብተር

le bloc-notes

የአየር ማዕጀ ለምንጣፍ

l'aspirateur

ቁልቁል

le cactus

ሻማ

la bougie

ማድቤት
la cuisine

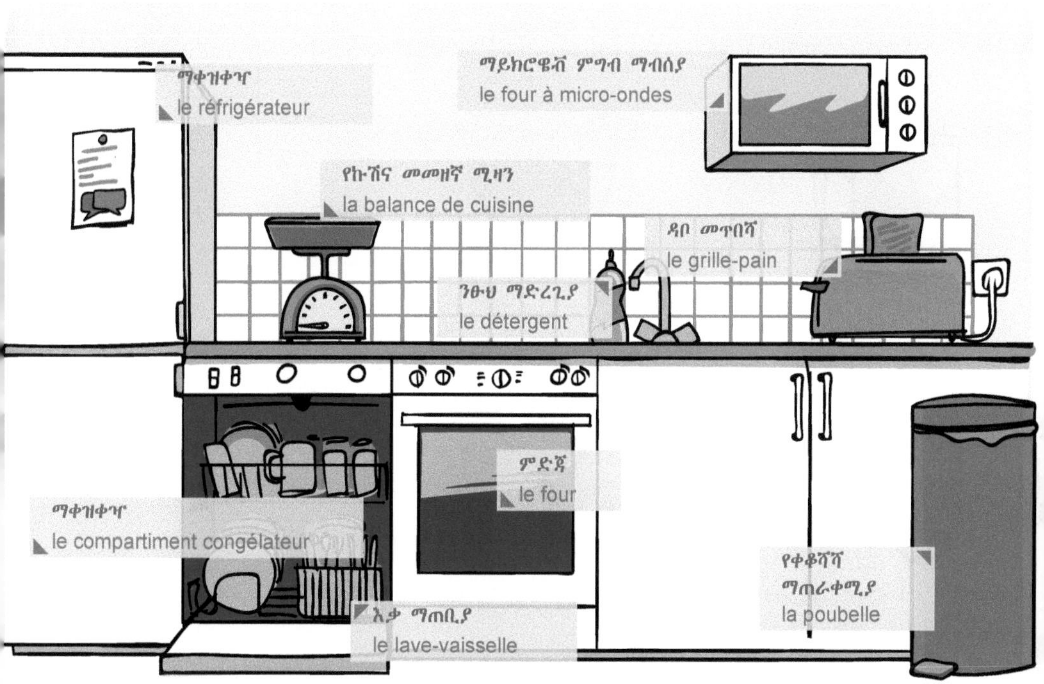
ማቀዝቀዣ
le réfrigérateur
ማይክሮዌቭ ምግብ ማብሰያ
le four à micro-ondes
የኩሽና መመዘኛ ሚዛን
la balance de cuisine
ዳቦ መጥበሻ
le grille-pain
ንፁህ ማድረጊያ
le détergent
ምድጃ
le four
ማቀዝቀዣ
le compartiment congélateur
የቆሻሻ ማጠራቀሚያ
la poubelle
እቃ ማጠቢያ
le lave-vaisselle

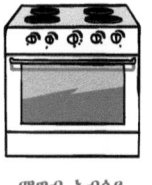

ምግብ አብሳይ

le four

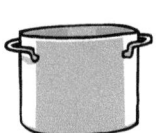

ማሰሮ

la casserole

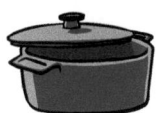

የብረት ማሰሮ

la marmite

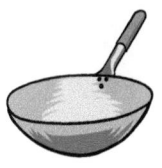

ምግብ ማብሰያ ዝርግ ድስት

le wok / kadai

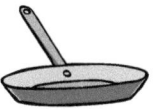

የምግብ መጥበሻ

la poêle

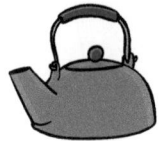

ማንቆርቆሪያ

la bouilloire electrique

የእንፉሎት ማብሰያ

le cuiseur vapeur

የመጋገሪያ ትሪ

la plaque de cuisson

ሰብስቦች

la vaisselle

ትልቅ ኩባያ

le gobelet

ጎድጓዳ ሳህን

la coupe

ቾፕስቲክስ

les baguettes

ጭልፋ

la louche

መሰቅሰቂያ ዝርግ ማንኪያ

la spatule

ማደባለቂያ

le fouet

መወጠሪያ

la passoire

ወንፊት

le tamis

መፍርፈሪያ መሳሪያ

la râpe

ሲሚንቶ

le mortier

የፍም ጥብስ

le barbecue

የተለቀቀ እሳት

la cheminée

ማድቤት - la cuisine

መክተፊያ

la planche à découper

ተንሽራታች መርፌ

le rouleau à pâtisserie

የጠርሙስ መክፈቻ

le tire-bouchon

ጣሳ

la boîte

የጣሳ መክፈቻ

l'ouvre-boîte

የማሰሮ መሸፈኛ

les maniques

ሳህን ማጠቢያ

le lavabo

ብሩሽ

la brosse

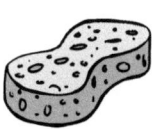

ስፖንጅ

l'éponge

መደባለቂያ መሳሪያ

le mixeur

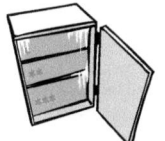

በጣም ማቀዝቀዣ

le congélateur

ጡጦ

le biberon

ቧንቧ

le robinet

la salle de bain

መታጠቢያ
la douche

ማሞቂያ
le chauffage

ፎጣ
la serviette

የመታጠቢያ ቤት መጋረጃ
le rideau de douche

የአረፋ መታጠቢያ
le bain moussant

የመታጠቢያ ገንዳ
la baignoire

ብርጭቆ
le verre

የልብስ ማጠቢያ
la machine à laver

ማዕዘን ወለል
le carrelage

ቧንቧ
le robinet

ፖፖ
le pot

ሳህን ማጠቢያ
le lavabo

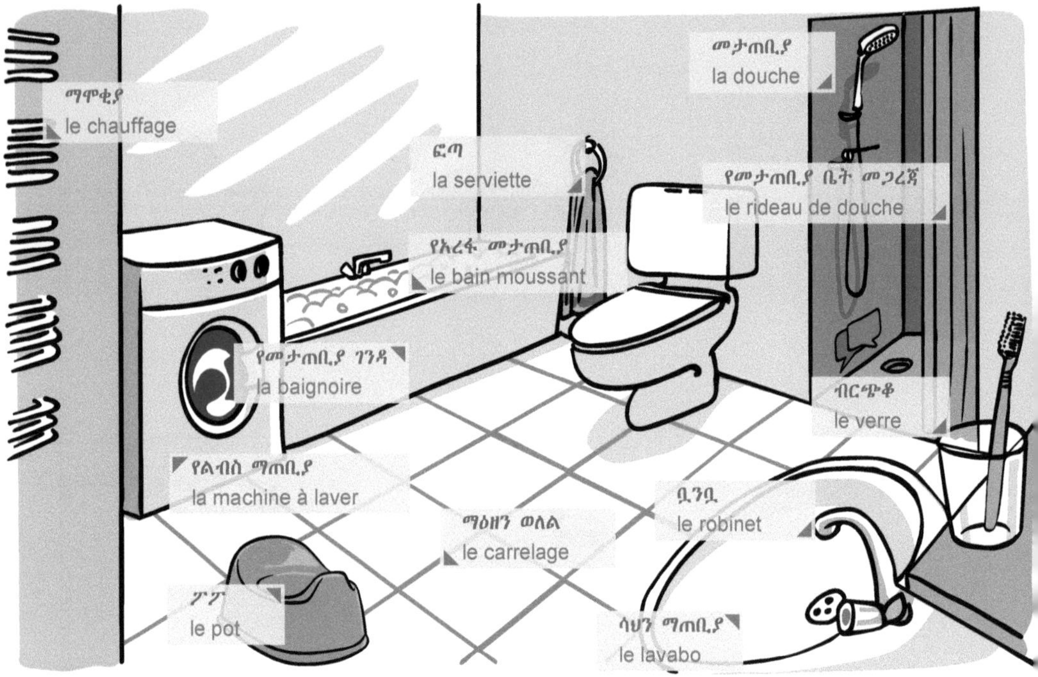

ሽንት ቤት
les toilettes

የሽንት ቤት መቀመጫ
la toilette à la turque

ሳፉ
le bidet

የመንገድ ዳር መሽኛ
l'urinoir

የሽንት ቤት ወረቀት
le papier toilette

የሽንት ቤት ማፅጃ ብሩሽ
la brosse à toilette

የጥርስ ብሩሽ

la brosse à dents

የጥርስ ሳሙና

le dentifrice

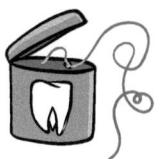

የጥርስ ማዕጃ ክር

le fil dentaire

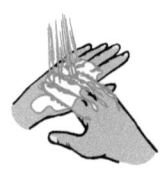

መታጠብ

laver

የእጅ መታጠቢያ

la douche manuelle

መታጠቢያ

la douche intime

ጎድንዳ ሳህን

la vasque

የጀርባ ብሩሽ

la brosse dorsale

ሳሙና

le savon

የመታጠቢያ የሚዝለገለግ ሳሙና

le gel douche

የፀጉር መታጠቢያ ሳሙና

le shampooing

ለስላሳ ጨርቅ

le gant de toilette

ፍሳሽ

l'écoulement

ክሬም

la crème

ጠረን መቀየሪያ ንጥረ ነገር

le déodorant

መስታወት

le miroir

የእጅ መስታወት

le miroir cosmétique

ምላጭ

le rasoir

የመላጫ አረፋ

la mousse à raser

ከመላጨት በኋላ የሚቀባ ሽቱ

l'après-rasage

ማበጠሪያ

la peigne

ብሩሽ

la brosse

የፀጉር ማድረቂያ

le sèche-cheveux

በፀጉር ላይ የሚነፋ

la laque pour cheveux

የፌት መቀባቢያ

le fond de teint

የከንፈር ቀለም

le rouge à lèvres

የጥፍር ቀለም

le vernis à ongles

የጥጥ ሱፍ

l'ouate

ጥፍር መቁረጫ

le coupe-ongles

ሽቱ

le parfum

ማጠቢያ ባልዲ
la trousse de toilette

መቀመጫ
le tabouret

ሚዛን
le pèse-personne

የመታጠቢያ ልብስ
le peignoir

የላስቲክ ጓንት
les gants de nettoyage

ሞዴስ
le tampon

የዕዳት ፎጣ
les serviettes hygiéniques

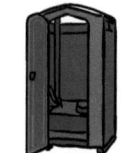

የሽንት ቤት ኬሚካል
la toilette chimique

የማንቂያ ደዉል ሰዐት
le réveil

የህፃን አሻንጉሊት
le doudou

የመጫወቻ መኪና
la voiture jouet

ማንገጫገጫ
መጫወቻ
le hochet

የአሻንጉሊት ቤት
la maison de poupée

ስጦታ
le cadeau

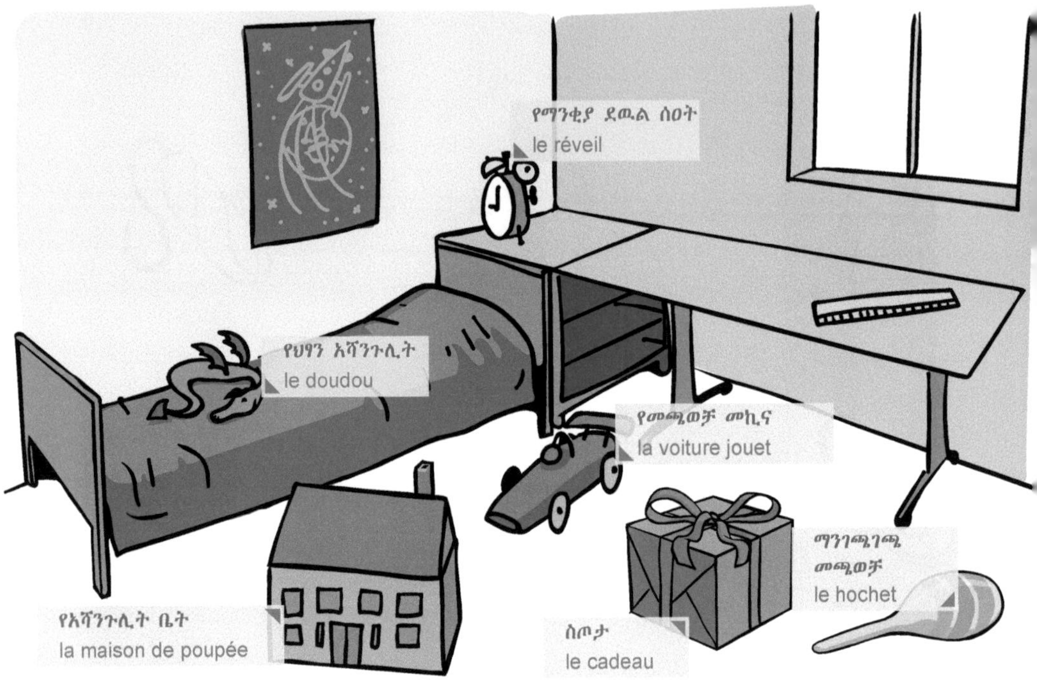

ፊኛ
le ballon

አልጋ
le lit

የህፃን ማንሸራሸሪያ ጋሪ
la poussette

የካርታ መጫወቻ
le jeu de cartes

ቁርጥራጭ ምስሎችን የማገጣጠም
እና ምስል የማግኛት ጨዋታ
le puzzle

አዝናኝ
la bande dessinée

ተገጣጣሚ መጫወቻ

les pièces lego

የመጫወቻ መገጣጠሚያዎች

les blocs de construction

የድርጊት ምስል

la figurine

የህፃን እድገት

la grenouillère

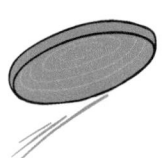

የፕላስቲክ መጫወቻ ዝርግ ሰሀን

le frisbee

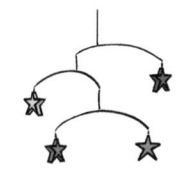

ተወዛዋዥ የህፃን ማጫወቻ

le mobile

የሰሌዳ ጨዋታ

le jeu de société

የመጫወቻ ጠጠር

le dé

የመጫወቻ ባቡር

le train miniature

የእንጀራ እናት ጡጦ

la sucette

ድግስ

la fête

የስዕል መፅሀፍ

le livre d'images

ኳስ

la balle

አሻንጉሊት

la poupée

መጫወት

jouer

የአሸዋ መጫወቻ

le bac à sable

ኙዋኙዌ

la balançoire

መጫወቻዎች

les jouets

የቪዲዮ መጫወቻ

la console de jeu

ባለ ሶስት ጎማ ብስክሌት

le tricycle

የአሻንጉሊት ድብ

l'ours en peluche

ቁምሳጥን

l'armoire

አልባሳት

les vêtements

ካልሲዎች

les chaussettes

ስቶኪንጎች

les bas

ታይት

le collant

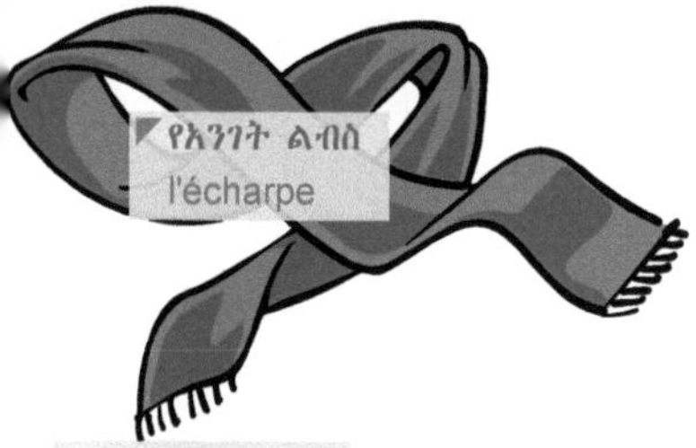

የአንገት ልብስ
l'écharpe

ዣንጥላ
le parapluie

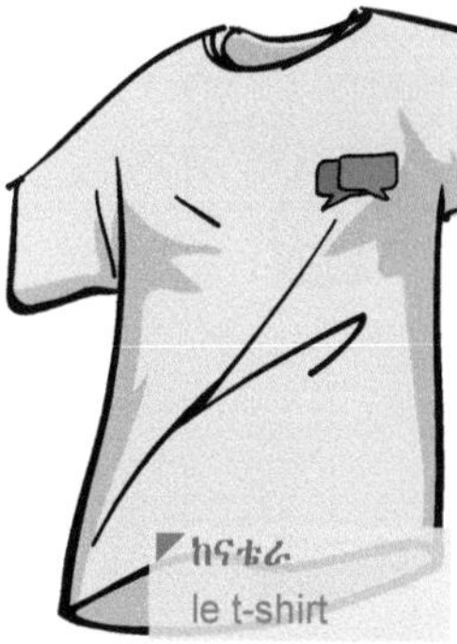

ቀበቶ
la ceinture

ክናቴራ
le t-shirt

ስኒከሮች
les baskets

ቦቲ
les bottes

የቤት ዉስጥ ነጠላ ጫማ
les pantoufles

ነጠላ ጫማዎች

les sandales

ጫማዎች

les chaussures

የዝናብ ቡትስ

les bottes de caoutchouc

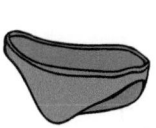

ሙታንታ

les sous-vêtements

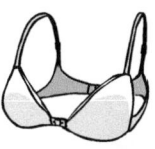

ጡት መያዣ

le soutien-gorge

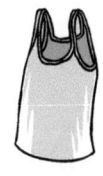

ሰደርያ

le maillot de corps

አልባሳት - les vêtements

45

ሰዉነት
le body

ሱሪዎች
le pantalon

ጅንስ
le jean

ጉርድ ቀሚስ
la jupe

ሸሚዝ
le chemisier

ሸሚዝ
la chemise

የሚጠለቅ ሹራብ
le pull

ሹራብ
le sweat à capuche

ዩኒፎርም ጃኬት
la veste

ጃኬት
la veste

ኮት
le manteau

የዝናብ ኮት
l'imperméable

ልብስ
le costume

ቀሚስ
la robe

የሙሽራ ቀሚስ
la robe de mariée

ሱፍ
....
le costume

የለሊት ልብስ
....
la chemise de nuit

የለሊት ልብስ
....
le pyjama

ረጅም ቀሚስ
....
le sari

ሒጃብ
....
le foulard

ጥምጣም
....
le turban

ቡርቃ
....
la burqa

ሸርጥ
....
le caftan

አባያ
....
l'abaya

የዋና ልብስ
....
le maillot de bain

አጭር ቁምጣ
....
le maillot de bain

ቁምጣዎች
....
le short

የስራ ቁታ
....
la tenue d'entraînement

ሸርጥ
....
le tablier

ጓንት
....
les gants

ቁልፍ
le bouton

መነፅር
les lunettes

አምባር
le bracelet

የአንገት ሀብል
le collier

ቀለበት
la bague

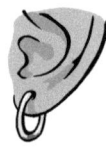

የጆሮ ጌጥ
la boucle d'oreille

ኮፍያ
le bonnet

የኮት መስቀያ
le cintre

ኮፍያ
le chapeau

ከረባት
la cravate

ዚፕ
la fermeture éclair

የብረት ቆብ
le casque

መደገፊያ
les bretelles

የትምህርት ቤት የደንብ ልብስ
l'uniforme scolaire

የደንብ ልብስ
l'uniforme

መሃረብ

le bavoir

የእንጀራ እናት ጡጦ

la sucette

ሽንት ጨርቅ

la lange

ቢሮ

le bureau

ማስራጫ ጣቢያ
le serveur

የፋይል መደርደሪያ ካቢኔ
l'armoire d'archivage

የህትመት መሳሪያ
l'imprimante

መቆጣጠሪያ
l'écran

ወረቀት
le papier

መዳዳያ ጠረጴዛ
le bureau

ማዉዝ
la souris

ማህደር
le classeur

የመዳፊ ቁልፎች
le clavier

የቆሻሻ ወረቀት መጣያ ቅርጫት
la corbeille à papier

ኮምፒዉተር
l'ordinateur

ወንበር
la chaise

የቡና መጠጫ ትልቅ ኩባያ

la tasse de café

ማስሊያ ማሽን

la calculatrice

ኢንተርኔት

l'internet

ላፕቶፕ

l'ordinateur portable

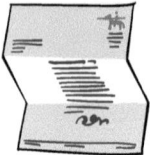

ደብዳቤ

la lettre

መልዕክት

le message

ተንቀሳቃሽ ስልክ

le portable

የግንኙነት አዉታር

le réseau

ማባዣ ማሽን

la photocopieuse

ሶፍትዌር

le logiciel

ስልክ

le téléphone

የግድግዳ ሶኬት

la prise

የፋክስ ማሽን

le fax

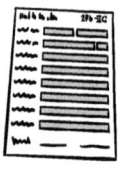

ቅፅ

le formulaire

ሰነድ

le document

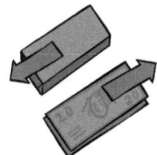

መግዛት

acheter

መክፈል

payer

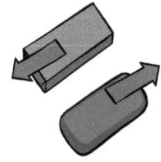

መነገድ

faire du commerce

ገንዘብ

la monnaie

ዶላር

le dollar

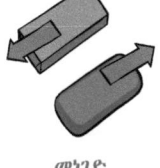

ዩሮ

l'euro

የን

le yen

ሩብል

le rouble

የስዊዝ ፍራንክ

le franc suisse

ሬንሚንቢ ዩዋን

le renminbi yuan

ሩጲ

la roupie

የገንዘብ ነጣብ

le distributeur automatique

የዉጭ ገንዘብ ምንዛሪ ቢሮ

le bureau de change

ወርቅ

l'or

ብር

l'argent

ዘይት

le pétrole

ሃይልᎌ ጉልበት

l'énergie

ዋጋ

le prix

ግንኙነት

le contrat

ቀረጥ

la taxe

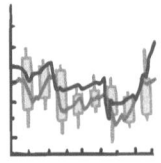

አክስዮን

l'action

መስራት

travailler

ተቀጣሪ

l'employé

ቀጣሪ

l'employeur

ፋብሪካ

l'usine

ሱቅ

le magasin

ኢኮኖሚ - l'économie

les professions

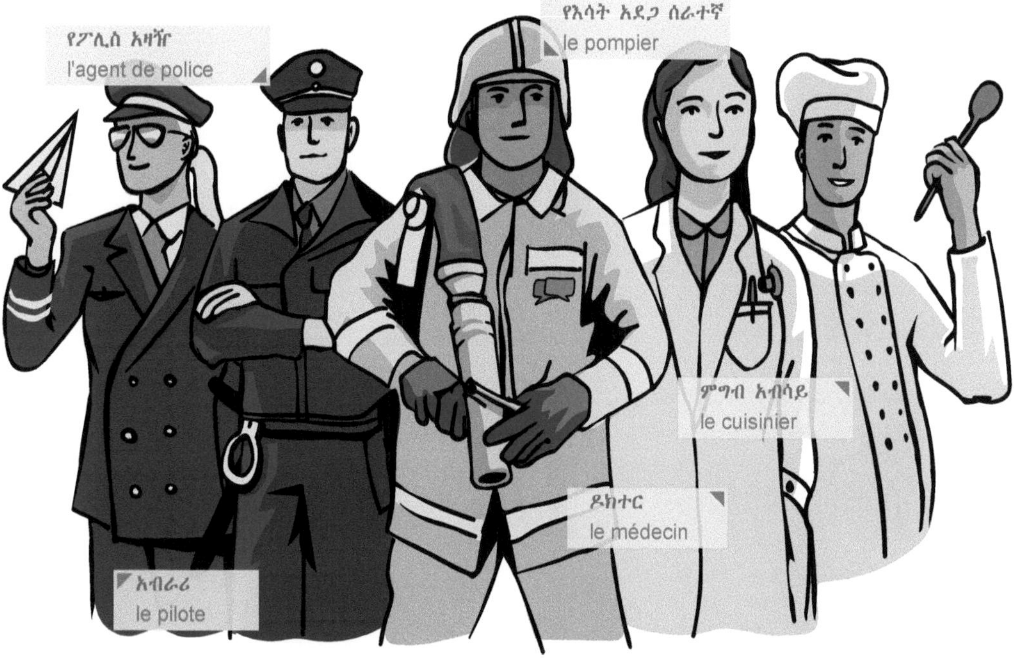
የፖሊስ አዛዥ
l'agent de police
የእሳት አደጋ ሰራተኛ
le pompier
ምግብ አብሳይ
le cuisinier
ዶክተር
le médecin
አብራሪ
le pilote

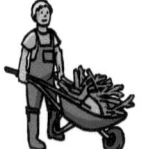

አትክልተኛ
le jardinier

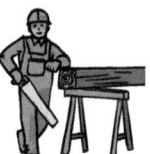

አናጢ
le menuisier

ልብስ ሰፊ ሴት
la couturière

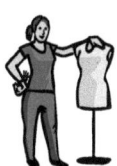

ዳኛ
le juge

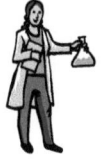

ቀማሚ
le chimiste

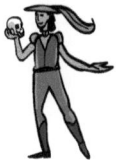

ተዋናይ
l'acteur

የአዉቶቢስ ሹፌር

le conducteur de bus

የታክሲ ሹፌር

le chauffeur de taxi

አሳ አጥማጅ

le pêcheur

ፅዳት ሰራተኛ

la femme de ménage

የጣራ ሰራተኛ

le couvreur

አስተናጋጅ

le serveur

አዳኝ

le chasseur

ሰዓሊ

le peintre

ጋጋሪ

le boulanger

የኤሌትሪክ ሰራተኛ

l'électricien

ገምቢ

l'ouvrier

መሃሃዲስ

l'ingénieur

ልኳንዳ

le boucher

የቧንቧ ሰራተኛ

le plombier

የፖስታ ሰራተኛ

le facteur

ወታደር
....
le soldat

መሃንዲስ
....
l'architecte

የሒሳብ ሰራተኛ
....
le caissier

አበባ ሻጭ
....
le fleuriste

የፀጉር ሰራተኛ
....
le coiffeur

ቲኬት ቆራጭ
....
le contrôleur

መካኒክ
....
le mécanicien

ካፕቴን
....
le capitaine

የጥርስ ሐኪም
....
le dentiste

ተመራማሪ
....
le scientifique

መምህር
....
le rabbin

የሙስሊም ሃይማኖታዊ መሪ
....
l'imam

መነኩሴ
....
le moine

ካህን
....
le prêtre

መሳሪያዎች

les outils

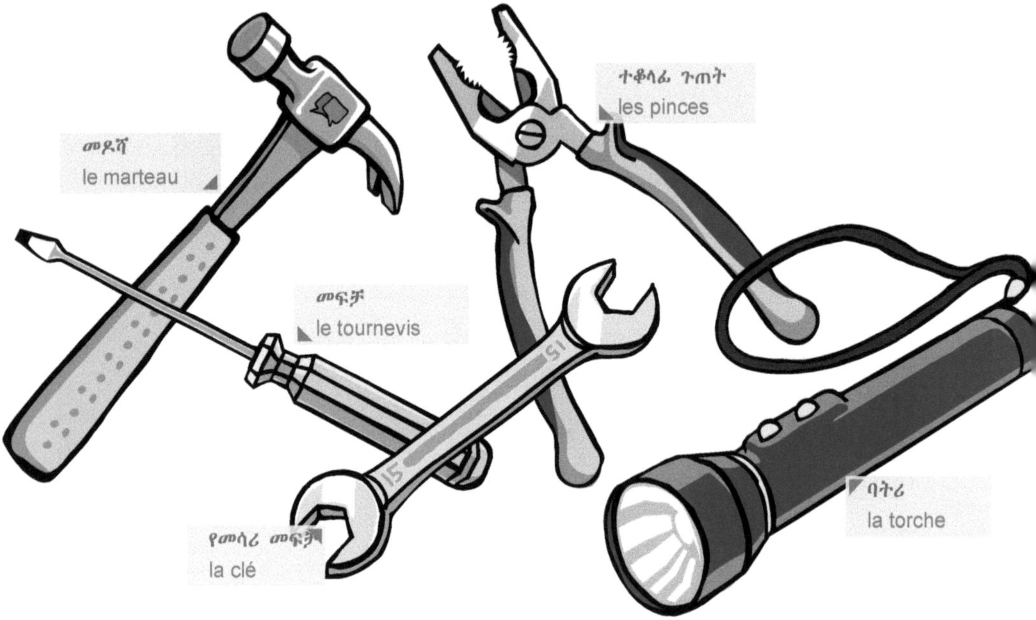
መዶሻ
le marteau
ተቆላፊ ጉጠት
les pinces
መፍቻ
le tournevis
ባትሪ
la torche
የመሳሪ መፍቻ
la clé

በቁፋሮ የሚዝቅ

la pelleteuse

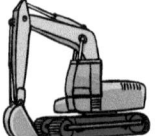

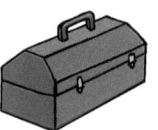

የመፍቻ ሳጥን

la boîte à outils

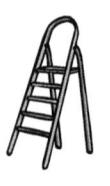

መሰላል

l'échelle

መጋዝ

la scie

ምስማር

les clous

መሰርሰሪያ

la perceuse

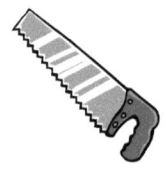

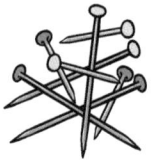

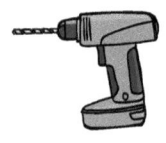

መጠገን

réparer

አካፋ

la pelle

የተረገመ!

Mince !

ቆሻሻ ማፈሻ

la pelle

የቀለም ቆርቆሮ

le pot de peinture

ብሎን

les vis

የሙዚቃ መሳሪያዎች

les instruments de musique

የከበሮ መሳሪያዎች
la batterie

የድምፅ ማጉያ መሳርያ
le haut-parleurs

ክራር መሰል የሙዚቃ
መሳሪያ
la guitare

ድርብ ቤዝ ጊታር
la contrebasse

የትንፋሽ ሙዚቃ
መሳሪያ
la trompette

ፒያኖ

le piano

ቫዮሊን

le violon

ወፍራም፣ ጐርናና ድምፅ ያለዉ
ክራር መሰል ሙዚቃ መሳሪያ

la basse

ነጋሪት

les timbales

ከበሮ

le tambour

በኤሌክትሪክ የሚሰራ ፒኖ

le piano électrique

የትንፋሽ ሙዚቃ መሳሪያ

le saxophone

ዋሽንት

la flûte

የድምፅ ማጉያ

le microphone

የደር እንስሳት ማቆያ

le zoo

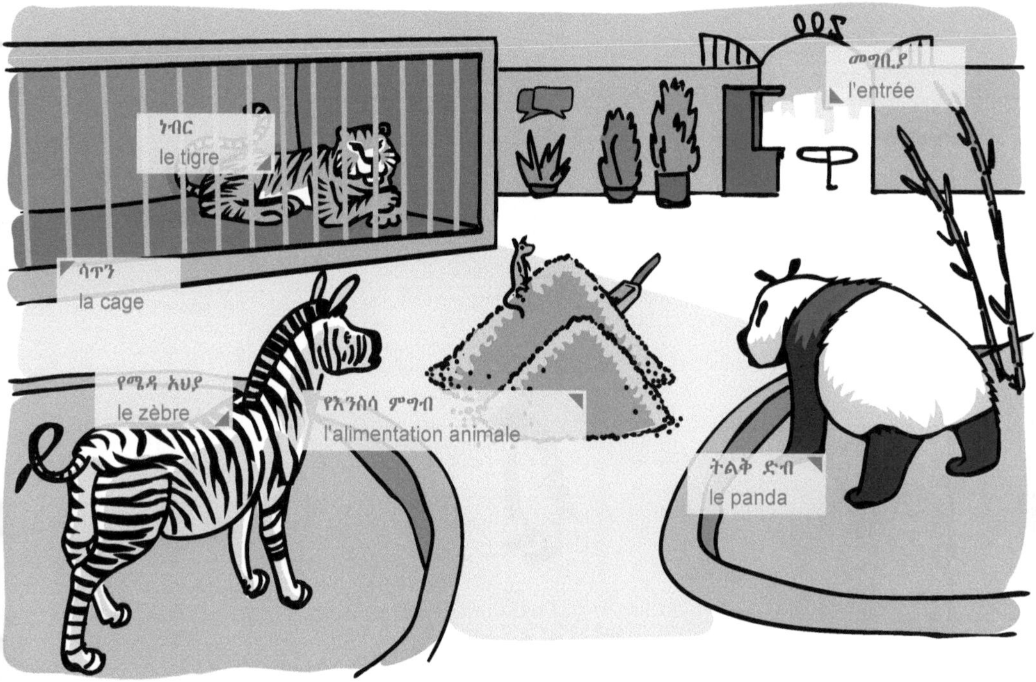

መግቢያ
l'entrée
ነብር
le tigre
ሳጥን
la cage
የሜዳ አህያ
le zèbre
የእንስሳ ምግብ
l'alimentation animale
ትልቅ ድብ
le panda

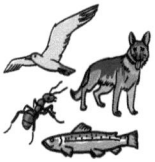

እንስሳቶች

les animaux

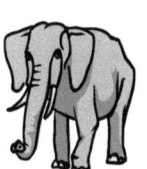

ዝሆን

l'éléphant

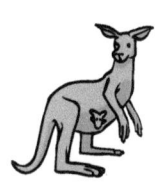

ካንጋሮ

le kangourou

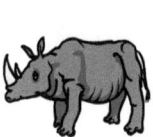

አዉራሪስ

le rhinocéros

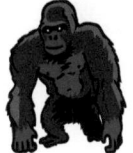

ትልቅ ዝንጀሮ

le gorille

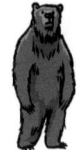

ድብ

l'ours

ግመል

le chameau

ሰጎን

l'autruche

አንበሳ

le lion

ጦጣ

le singe

ቅልጥም ረጒርም ወፍ

le flamand rose

በቀቀን

le perroquet

የወዋልታ ድብ

l'ours polaire

የዋልታ ወፎች

le pingouin

ረጅም ጥርሶች ያሉትአሳ ነባሪ

le requin

ጣዎስ

le paon

እባብ

le serpent

አዞ

le crocodile

የዱር አራዊት የሚጠበቁበት
ማቆያን የሚጠብቅ

le gardien de zoo

አሳ በሊታ የባህር እንስሳ

le phoque

የዱር ድመት

le jaguar

ድንክ ፈረስ

le poney

ነብር

le léopard

ጉማሬ

l'hippopotame

ቀጭኔ

la girafe

ንስር

l'aigle

ከርከሮ

le sanglier

ዓሳ

le poisson

የባህር ኤሊ

la tortue

የባህር አውሬ

le morse

ቀበሮ

le renard

የሜዳ ፍየል፤ ሚዳቋ

la gazelle

የአሜሪካ እግርኳስ
l'american Football

የብስክሌት ስፖርት
le cyclisme

ቴኒስ
le tennis

የቅርጫት ኳስ
le basket-ball

ዋና
la natation

የቡጢ ስፖርት
la boxe

የበረዶ ላይ የገና ጨዋታ
le hockey sur glace

እግር ኳስ
le football

የላባ ኳስ ጨዋታ
le badminton

አትሌቲክስ
l'athlétisme

የእጅ ኳስ ስፖርት
le handball

የበረዶ መንሸራተት ስፖርት
le ski

ፈረስ ግልቢያ
le polo

መዝለል
sauter

ማቀፍ
embrasser

መሳቅ
rire

መዘመር
chanter

መራመድ
marcher

መፀለይ
prier

መሳም
faire la bise

ህልም ማለም
rêver

መፃፍ
écrire

መሳል
dessiner

ማሳየት
montrer

መግፋት
pousser

መስጠት
donner

መዉሰድ
prendre

መያዝ

avoir

ማድረግ

faire

መሆን

être

መቆም

être debout

መሮጥ

courir

መሳብ

trier

መወርወር

jeter

መዉደቅ

tomber

መዋሸት

être couché

መጠበቅ

attendre

መሸከም

porter

መቀመጥ

être assis

መልበስ

s'habiller

መተኛት

dormir

መንቃት

se réveiller

መመልከት
regarder

ማለልቀስ
pleurer

መጫር
caresser

ማበጠር
peigner

ማዉራት
parler

መረዳት
comprendre

ጥያቄ
demander

ማዳመጥ
écouter

መጠጣት
boire

መብላት
manger

ማንጋት
ranger

ማፍቀር
aimer

ምግብ ማብሰል
cuire

መንዳት
conduire

መብረር
voler

መርከብ መንዳት

faire de la voile

ቁጥሮችን ማስላት

calculer

ማንበብ

lire

መማር

apprendre

መስራት

travailler

ማግባት

se marier

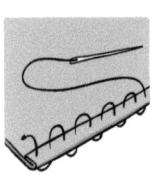

መስፋት

coudre

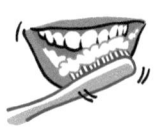

ጥርስ መቦረሽ

brosser les dents

መግደል

tuer

ማጨስ

fumer

መላክ

envoyer

la famille

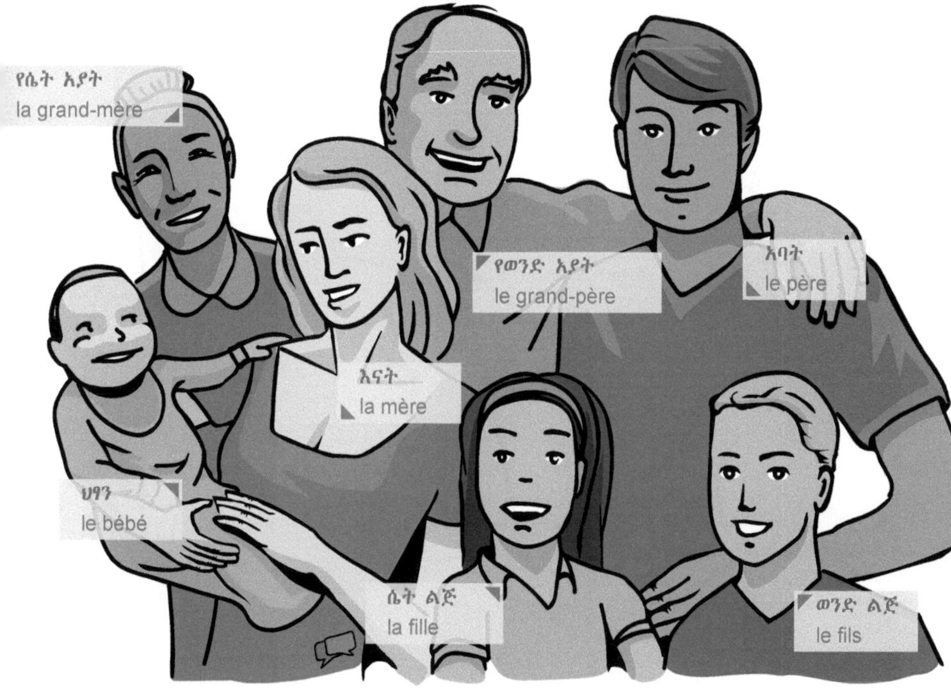
የሴት አያት
la grand-mère
የወንድ አያት
le grand-père
አባት
le père
እናት
la mère
ህፃን
le bébé
ሴት ልጅ
la fille
ወንድ ልጅ
le fils

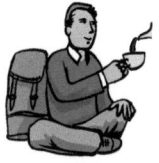

እንግዳ

l'hôte

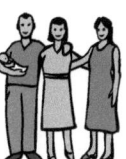

አክስት

la tante

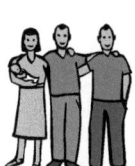

አጎት

l'oncle

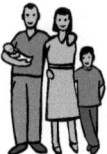

ወንድም

le frère

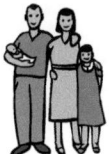

እህት

la sœur

አካል

le corps

ግንባር
le front
አይን
l'œil
ትከሻ
l'épaule
ጣት
le doigt
ፊት
le visage
አገጭ
le menton
እጅ
la main
እግር
la jambe
ጡት
la poitrine
ክንድ
le bras

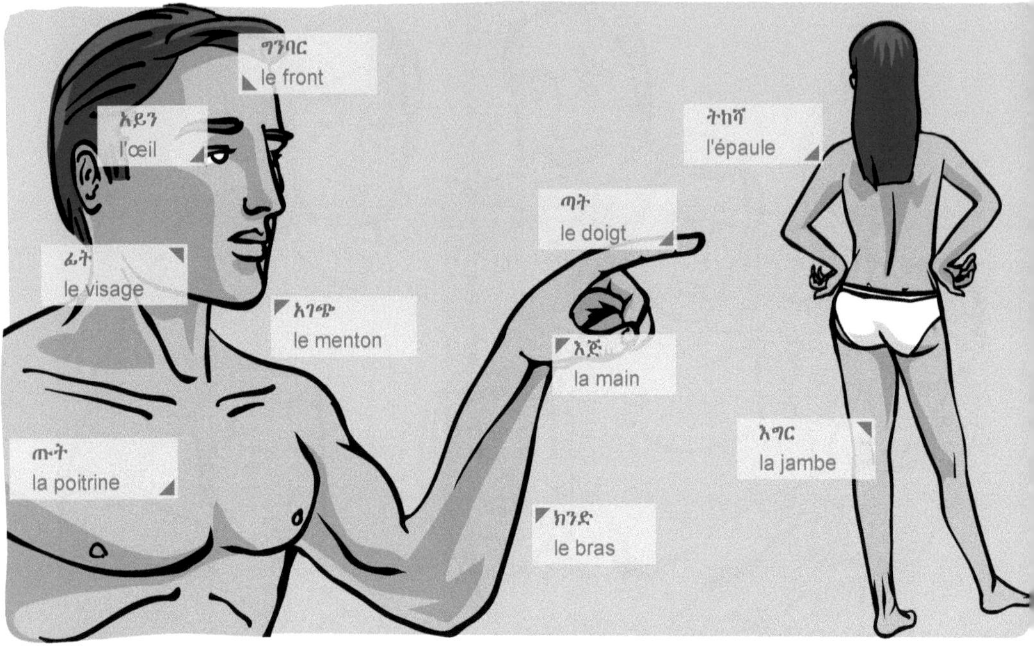

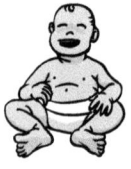

ህፃን

le bébé

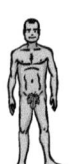

ሰዉ

l'homme

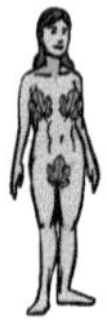

ሴት

la femme

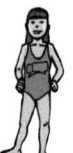

ልጃገረድ

la fille

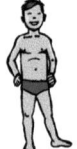

ወንድ ልጅ

le garçon

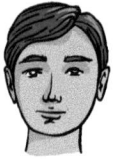

ራስ

la tête

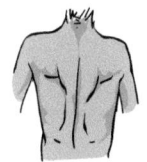

ጀርባ

le dos

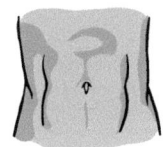

ሆድ

le ventre

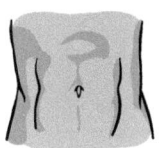

እምብርት

le nombril

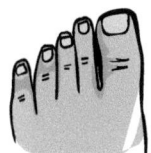

የእግር ጣት

l'orteil

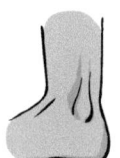

ተረከዝ

le talon

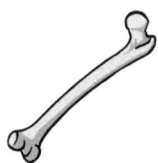

አጥንት

l'os

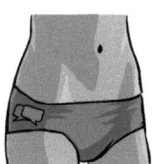

ዳሌ

la hanche

ጉልበት

le genou

ክርን

le coude

አፍንጫ

le nez

ቂጥ

les fesses

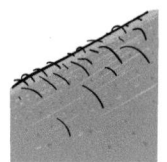

ቆዳ

la peau

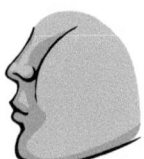

ጉንጭ

la joue

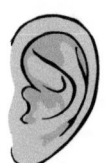

ጆሮ

l'oreille

ከንፈር

la lèvre

አፍ

la bouche

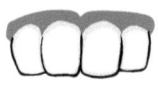

ጥርስ

la dent

ምላስ

la langue

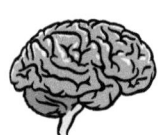

አንጎል

le cerveau

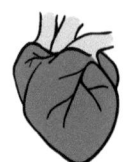

ልብ

le cœur

ጡንቻ

le muscle

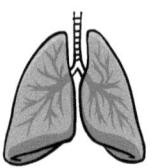

ሳምባ

les poumons

ጉበት

le foie

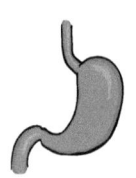

ሆድ

l'estomac

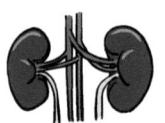

ኩላሊቶች

les reins

የግብረስጋ ግንኙነት

le rapport sexuel

ኮንዶም

le préservatif

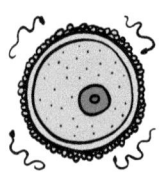

የሴት እንቁላል

l'ovule

የዘር ፈሳሽ

le sperme

እርግዝና

la grossesse

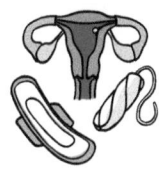

የወር አበባ

la menstruation

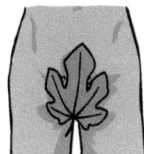

እምስ

le vagin

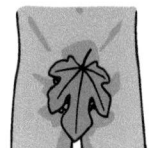

ቁላ

le pénis

ቅንድብ

le sourcil

ፀጉር

les cheveux

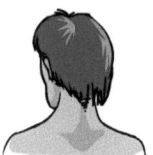

አንገት

le cou

ሆስፒታል
l'hôpital

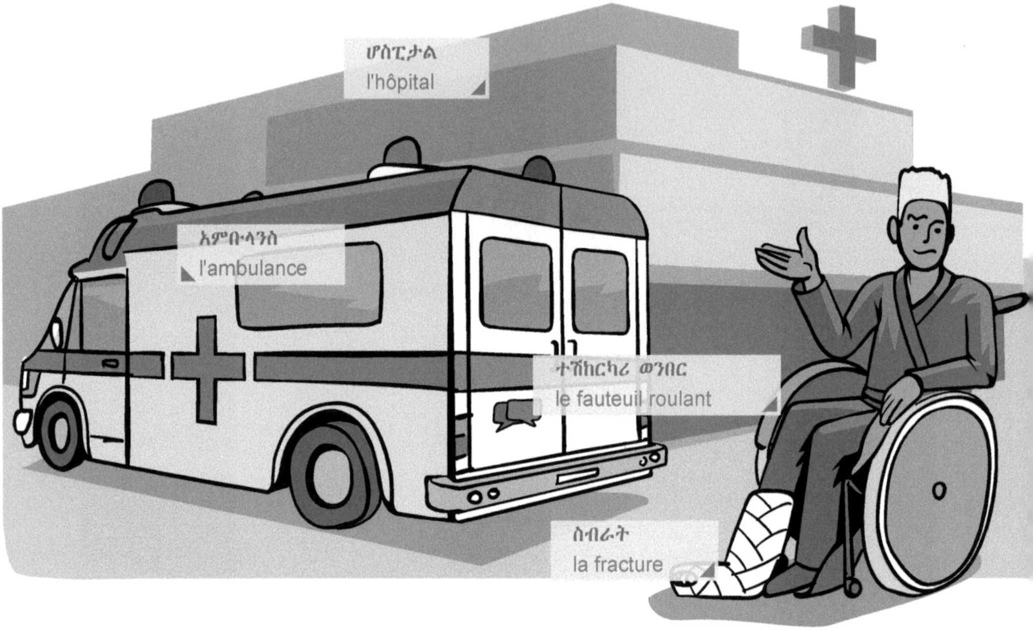

ሆስፒታል
l'hôpital
አምቡላንስ
l'ambulance
ተሽከርካሪ ወንበር
le fauteuil roulant
ስብራት
la fracture

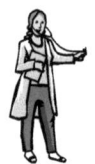

ዶክተር

le médecin

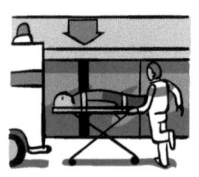

ድንገተኛ ክፍል

le service des urgences

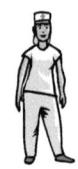

ነርስ

l'infirmière

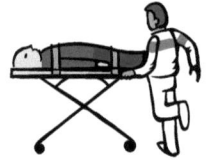

ድንገተኛ

l'urgence

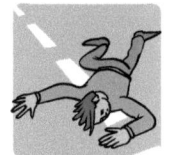

ራስን መሳት/ አለማወቅ

inconscient

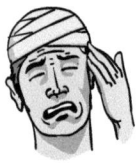

ህመም

la douleur

ጉዳት

la blessure

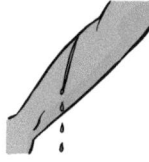

መድማት

l'hémorragie

የልብ ድካም

la crise cardiaque

ስትሮክ

l'attaque cérébrale

አለርጂ

l'allergie

ሳል

la toux

ትኩሳት

la fièvre

ኢ.ንፍሎዌንዛ

la grippe

ተቅማጥ

la diarrhée

የራስ ምታት

le mal de tête

ካንሰር

le cancer

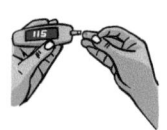

የስኳር በሽታ

le diabète

ቀዶ ጠጋኝ ሐኪም

le chirurgien

የቀዶ ጥገና ስለት

le scalpel

ቀዶ ጥገና

l'opération

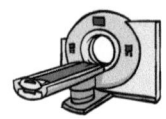

ሲቲ

le CT

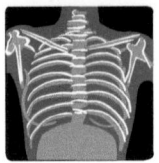

ኤክስሬዮ

la radiographie

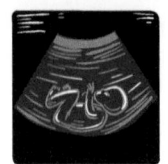

አልትራሳዉንድ

l'échographie

የፊት ጭምብል

le masque

በሽታ

la maladie

መጠበቂያ ክፍል

la salle d'attente

ምርኩዝ

la béquille

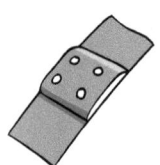

የቁስል ማሸጊያ

le pansement

ፋሻ

le pansement

መርፌ

l'injection

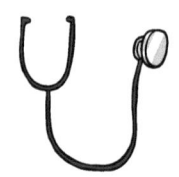

የልብ ምት ማዳመጫ መሳሪያ

le stéthoscope

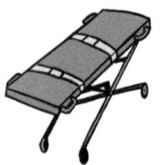

የበሽተኛ አልጋ

le brancard

የህክምና ሙቀት መለኪያ መሳሪያ

le thermomètre

መውለድ

l'accouchement

ከልክ ያለፈ ክብደት

la surcharge pondérale

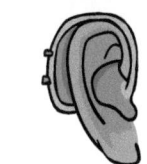

ለመስማት የሚረዳ መሳሪያ

l'appareil auditif

ፀረ ተባይ መድህኒት

le désinfectant

ማመርቀዝ

l'infection

ቫይረስ

le virus

ኤች አይቪ ኤድስ

le VIH / le sida

ህክምና

le médicament

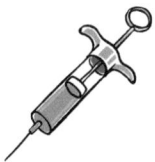

ክትባት

la vaccination

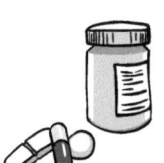

ኪኒን

les comprimés

ኪኒን

la pilule

አስቸኳይ የስልክ ጥሪ

l'appel d'urgence

ደም ግፊት መቆጣጠሪያ

le tensiomètre

ህመም/ ጤንነት

malade / sain

እርዳታ!

Au secours !

ማንቂያ ደዉል

l'alarme

ጥቃት

l'assaut

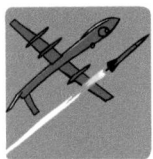

ድብደባ

l'attaque

አደጋ

le danger

የድንገተኛ መዉጫ

la sortie de secours

እሳት!

Au feu!

እሳት ማጥፊያ

l'extincteur

አደጋ

l'accident

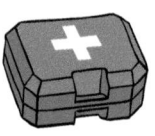

የመጀመሪያ እርዳታ መድሃኒት
መያዣ

la trousse de premier
secours

ነፍስ አድን

SOS

ፖሊስ

la police

አዉሮፓ

l'Europe

ሰሜን አሜሪካ

l'Amérique du Nord

ደቡብ አሜሪካ

l'Amérique du Sud

አፍሪካ

l'Afrique

እስያ

l'Asie

አዉስትራሊያ

l'Australie

አትላንቲክ

l'Océan atlantique

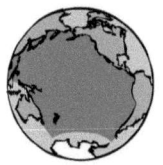

ፓስፊክ

l'Océan pacifique

የህንድ ዉቅያኖስ

l'Océan indien

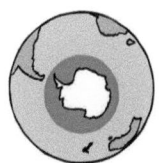

አንታርክቲክ ዉቅያኖስ

l'Océan antarctique

አርክቲክ ዉቅያኖስ

l'Océan arctique

ሰሜን ዋልታ

le Pôle nord

ደቡብ ዋልታ
....
le Pôle sud

አንታርክቲካ
....
l'Antarctique

ምድር
....
la terre

መሬት
....
le pays

ባህር
....
la mer

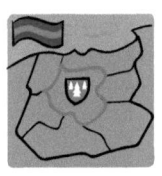

ደሴት
....
l'île

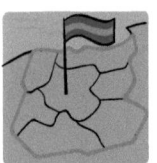

አገርና ህዝብ
....
la nation

መንግስት
....
l'état

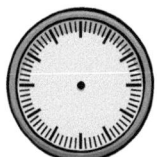

የሰዓት ገፅታ

le cadran

ሰዓት

l'aiguille des heures

ደቂቃ

l'aiguille des minutes

ሴኮንድ

l'aiguille des secondes

ስንት ሰዓት ነው?

Quelle heure est-il ?

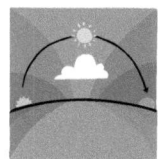

ቀን

le jour

ጊዜ

le temps

አሁን

maintenant

የቁጥር ሰዓት

la montre digitale

ደቂቃ

la minute

ሰዓታት

l'heure

la semaine

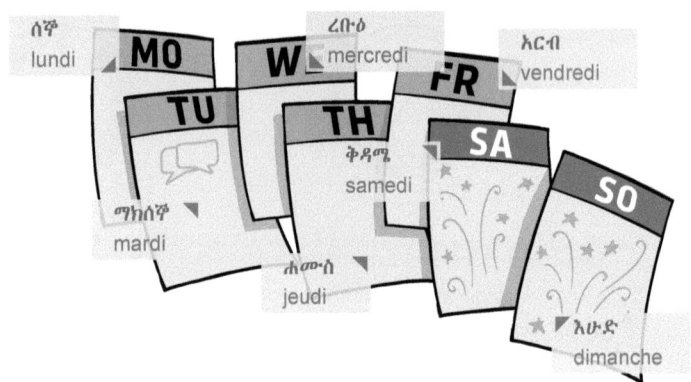

ሰኞ
lundi

ረቡዕ
mercredi

ዓርብ
vendredi

ማክሰኞ
mardi

ቅዳሜ
samedi

ሐሙስ
jeudi

እሁድ
dimanche

ላን
....
hier

ዛሬ
....
aujourd'hui

ነገ
....
demain

ማለዳ
....
le matin

ቀ ር
....
le midi

ምሽ
....
le soir

የስራ ቀና
....
les jours ouvrables

የዕረፍ ቀና
....
le week-end

ዓመት

l'année

ዝናብ
la pluie
ቀስተ ዳመና
l'arc-en-ciel
ጥጥ የሚመስል አመዳይ በረዶ
la neige
le vent
ፀደይ
le printemps
በጋ
l'été
መኸር
l'automne
ክረምት
l'hiver

4.APRIL 11°
5.APRIL 4°
6.APRIL 13°
7.APRIL 8°
8.APRIL 10°

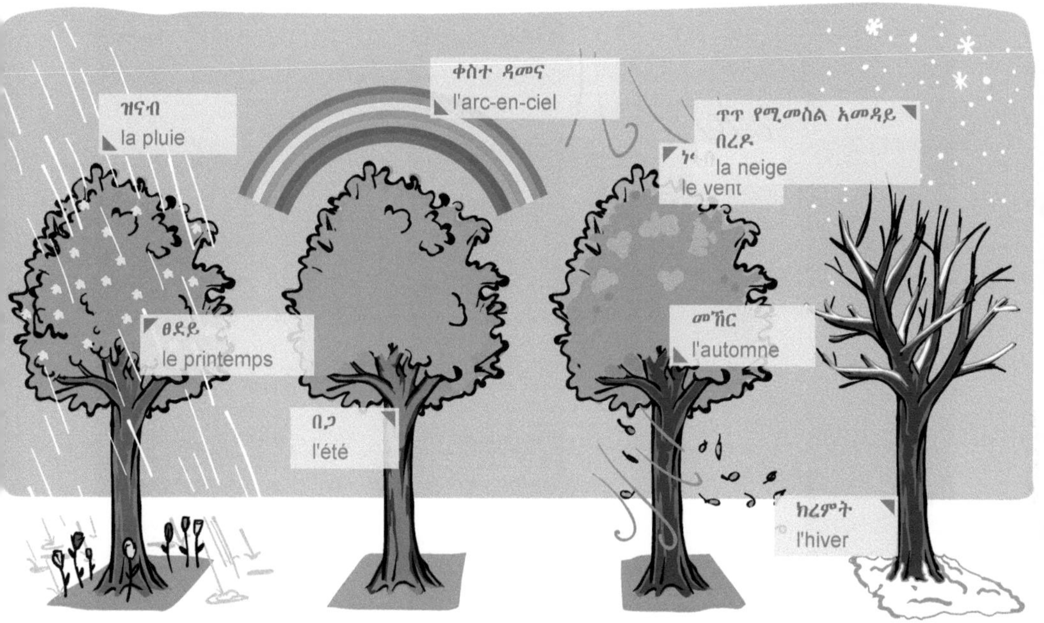

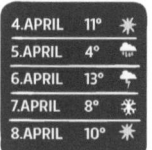

የአየር ሁኔታ ትንበያ
....
la météo

F C
120 40
90 30
60 20
30 10
0 0
-30 -10
-20

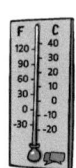

የሙቀት መለኪያ
....
le thermomètre

የፀሀይ ሙቀት
....
la lumière du soleil

ደመና
....
le nuage

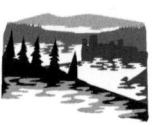

ጋግ
....
le brouillard

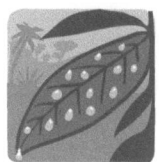

እርጥበታማነት
....
l'humidité

መብረቅ

la foudre

ነጎድጓድ

la tonnerre

አዉሎ ንፋስ

la tempête

የበረዶ ዝናብ

la grêle

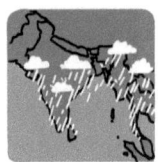

አዉሎ ንፋስ

la mousson

ጎርፍ

l'inondation

በረዶ

la glace

ጥር

janvier

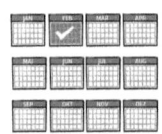

የካቲት

février

መጋቢት

mars

ሚያዚያ

avril

ግንቦት

mai

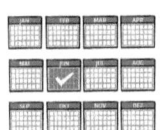

ሰኔ

juin

ሐምሌ

juillet

ነሐሴ

août

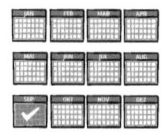

መስከረም

septembre

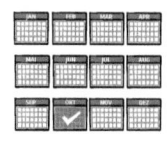

ጥቅምት

octobre

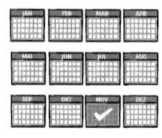

ህዳር

novembre

ታህሳስ

décembre

ቅርፆች

les formes

ክብ

le cercle

አራት ማዕዘን

le carré

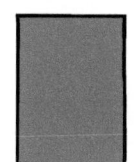

አራት ቀጠተኛ ማዕዘኖች ኖዎች ያሉት ቅርፅ

le rectangle

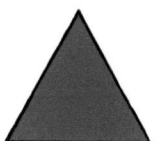

ስት ማዕዘን

le triangle

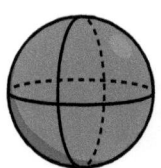

ሉል

la sphère

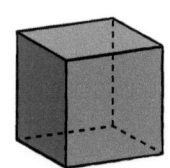

ስድስት ጎን ያለዉ ቅርፅ

le cube

ነጭ

blanc

ቢጫ

jaune

ብርቱካናማ

orange

ሮዝ

rose

ቀይ

rouge

ወይን ጠጅ

violet

ሰማያዊ

bleu

አረንጓዴ

vert

ቡኒ

marron

ግራጫ

gris

ጥቁር

noir

ብዙ/ ጥቂት

beaucoup / peu

ንዴት/ እርጋታ

fâché / calme

ቆንጆ/ አስቀያሚ

joli / laid

ጅማሬ/ ፍፃሜ

le début / la fin

ትልቅ/ ትንሽ

grand / petit

ደማቅ/ ደብዛዛ

clair / obscure

ወንድም/ እህት

frère / soeur

ንፁህ/ ቆሻሻ

propre / sale

የተሟላ/ ያልተሟላ

complet / incomplet

ቀን/ ምሽት

le jour / la nuit

የሞተ/ ህያዉ

mort / vivant

ሰፊ/ ጠባብ

large / étroit

የሚበላ/ የማይበላ

comestible / incomestible

ክፉ/ ደግ

méchant / gentil

ደስተኛ/ ድብርተኛ

excité / ennuyé

ወፍራም/ ቀጭን

gros / mince

መጀመርያ/ መጨረሻ

le premier / le dernier

ጓደኛ/ ጠላት

l'ami / l'ennemi

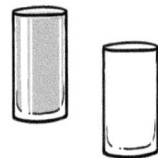

ሙሉ/ ጎዶሎ

plein / vide

ጠንካራ/ ለስላሳ

dur / souple

ከባድ/ ቀላል

lourd / léger

ረሃብ/ ጥማት

faim / soif

ህመም/ ጤንነት

malade / sain

ህገወጥ/ ህጋዊ

illégal / légal

ጎበዝ/ ደደብ

intelligent / stupide

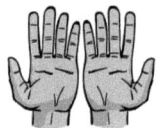

ግራ/ ቀኝ

gauche / droite

ቅርብ/ ሩቅ

proche / loin

ዲስ/ ሮጌ
....
nouveau / usé

ምንም/ የሆነ ነገር
....
rien / quelque chose

ሽማግሌ/ ወጣት
....
vieux / jeune

የበራ/ የጠፋ
....
marche / arrêt

ክፍት/ ዝግ
....
ouvert / fermé

ፀጥታ/ ጫጫታ
....
faible / fort

ሃብታም/ ደሃ
....
riche / pauvre

ትክክለኛ/ የተሳሳተ
....
correct / incorrect

ሻካራ/ ለስላሳ
....
rugueux / lisse

ሐዘን/ ደስታ
....
triste / heureux

ጭር/ ረዥም
....
court / long

ዝግተኛ/ ፈጣን
....
lent / rapide

እርጥብ/ ደረቅ
....
mouillé / sec

ምቃት/ ቀዝቃዛ
....
chaud / froid

ጦርነት/ ሰላም
....
la guerre / la paix

ተቃራኒዎች - les oppositions

0	**1**	**2**
ዜሮ	አንድ	ሁለት
zéro	un / une	deux

3	**4**	**5**
ሶስት	አራት	አምስት
trois	quatre	cinq

6	**7**	**8**
ስድስት	ሰባት	ስምንት
six	sept	huit

9	**10**	**11**
ዘጠኝ	አስር	አስራ አንድ
neuf	dix	onze

12
አስራ ሁለት
douze

13
አስራ ሶስት
treize

14
አስራ አራት
quatorze

15
አስራ አምስት
quinze

16
አስራ ስድስት
seize

17
አስራ ሰባት
dix-sept

18
አስራ ሰስምንት
dix-huit

19
አስራ ዘጠኝ
dix-neuf

20
ሃያ
vingt

100
መቶ
cent

1.000
ሺህ
mille

1.000.000
ሚሊዮን
le million

les langues

እንግሊዝኛ

l'anglais

የአሜሪካ እንግሊዝኛ

l'anglais américain

የቻይና ማንዳሪን

le chinois mandarin

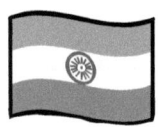

ሂንዱ

le hindi

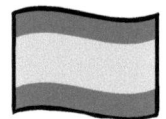

ስፓኒሽ

l'espagnol

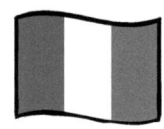

ፍሬንች

le français

አረብኛ

l'arabe

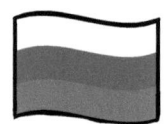

ራሺያኛ

le russe

ፖርቹጊዝ

le portugais

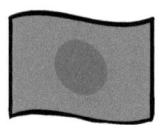

ቤንጋሊ

le bengali

ጀርመን

l'allemand

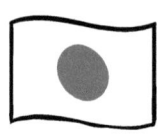

ጃፓንኛ

le japonais

እኔ

je

አንተ

tu

እሱ/ እርሷ/ እቃዉ

il / elle / ce, c', cela

እኛ

nous

አንተ

vous

እነርሱ

ils / elles

ማን?

Qui ?

ምን?

Quoi ?

እንዴት?

Comment ?

የት?

Où ?

መቼ?

Quand ?

ስም

le nom

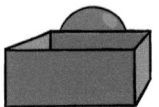

በስተጀርባ

derrière

ዉስጥ

dans

ከፊት ለፊት

devant

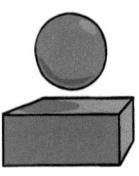

ከላይ

au-dessus

ላይ

sur

ከስር

en-dessous

እጠገብ

à côté de

መሃከል

entre

ቦታ

le lieu